DANS LA MÊME COLLECTION

Dr Léon Bence et Max Méreaux : *Guide pratique de musicothérapie.*
Christine Bourgoin : *Protéines végétales.*
Laurence Buiret-Grégoire : *Les Soins naturels de l'enfant.*
Jean-Claude Chomat : *Le Ginseng, racine de longue vie.*
Chantal Clergeaud : *Votre beauté au naturel.*
Jean-Luc Darrigol : *Le Miel pour votre santé.*
Jean-Luc Darrigol : *Les Céréales pour votre santé.*
Jean-Luc Darrigol : *Traitements naturels de la constipation.*
Jean-Luc Darrigol : *Santé et beauté de vos cheveux.*
Dr Jean-Loup Dervaux : *Migraines et céphalées.*
Dr Jean-Loup Dervaux : *La Spasmophilie.*
Dr Jean-Loup Dervaux : *Les Allergies.*
Dr Louis Donnet : *Les Aimants pour votre santé.*
Gérard Edde : *Manuel pratique de digitopuncture.*
Gérard Edde : *Les Couleurs pour votre santé.*
Gérard Edde : *La Médecine ayurvédique.*
Louis Faurobert : *Jeune et belle après 40 ans !*
Henri-Charles Geffroy : *L'Alimentation saine.*
Vincent Gerbe : *Votre potager biologique.*
Vincent Gerbe : *Initiation au végétarisme.*
Jean-Pierre Krasensky : *Massage réflexe des pieds.*
Boune Legrais et Gilbert Altenbach : *Santé et cosmo-tellurisme.*
Francis Lizon : *Chiens et chats : comment les élever et les soigner... naturellement.*
Thierry Loussouarn : *Initiation au yoga.*
Dr Éric Marsaudon : *Le Corps et ses rythmes.*
Désiré Mérien : *Les Clefs de la nutrition.*
Jacques Mittler : *Introduction à la macrobiotique.*
Gilles Orgeret : *Le Geste qui soigne. Tous les "trucs" du kiné pour soigner et soulager.*
André Passebecq : *L'Argile pour votre santé.*
André Passebecq : *La Santé de vos yeux.*
André Passebecq : *Traitements naturels des affections respiratoires.*
André Passebecq : *Traitements naturels des affections circulatoires.*
André Passebecq : *Traitements naturels des troubles digestifs.*
André Passebecq : *Rhumatismes et arthrites. Traitements naturels.*
André Passebecq : *Traitements naturels des maladies des reins, vessie, prostate.*
Martine Rigaudier : *330 recettes végétariennes.*
Martine Rigaudier : *Recettes et menus végétariens pour les 4 saisons.*
Guy Roulier : *La Santé au féminin.*
Guy Roulier : *La Santé au masculin.*
André Roux : *Introduction à l'iridologie.*
Dr J.-E. Ruffier : *Gymnastique quotidienne.*
Joël Savatofski : *Le Massage douceur.*
Joël Savatofski : *Le Massage minute.*
Joël Savatofski : *La Pause massage.*
Jean-Luc Senninger : *Les Bains d'air et de soleil.*

Votre beauté au naturel

Collection "Santé naturelle"

L'AUTEUR :

Née le 19 avril 1954 à Hyères, Chantal Clergeaud est mère de trois filles : Gwendoline (24 ans), Lydwine (22 ans) et Gwenwed (17 ans), et grand-mère d'une petite Nolwen âgée de 4 ans.

Après des études à l'ÉNAC, elle se dirige vers la naturopathie, l'ostéopathie et l'acupuncture, puis décide, en 1978, à l'issue d'une rencontre avec Henri-Charles Geffroy, de créer un magasin de produits naturels *(La Vie claire)* dans le sud, à Salon-de-Provence, rapidement suivi d'un second à Carpentras. Parallèlement, elle rédige son premier livre sur la cuisine végétalienne. Cette expérience la conduira à proposer des cours de cuisine végétarienne en collaboration avec son mari.

Elle écrit également de nombreux articles, pour des journaux et revues tels que *Recto-Verseau, Bio-contact...*, traitant de la thérapeutique et de l'esthétique naturelles, et prônant une alimentation saine, crée des recettes (à base de tofu, en particulier) pour des sociétés *(Soy),* participe à des salons (Marjolaine, Santé autrement...) et continue la rédaction de nombreux ouvrages sur la cuisine, les protéines végétales, les enfants, les médecines naturelles, suivant de nombreux stages de perfectionnement (aromathérapie, drainage lymphatique...).

De 1996 à 1999, elle dirige, avec son mari, un centre de remise en forme, nommé *Plein soleil,* dans l'arrière-pays grassois, à Thorenc. Il s'agit d'un lieu d'accueil, de remise en forme et de stages, loin de toute pollution où chacun, malade ou non, peut étudier les règles élémentaires d'alimentation saine et découvrir les médecines naturelles tout en bénéficiant d'une cuisine végétarienne et biologique. On y pratique l'iridologie, l'hydrothérapie du côlon, l'ostéopathie, le drainage lymphatique, les massages, les bains bouillonnants, l'aromathérapie et l'esthétique naturelle.

Actuellement, Chantal Clergeaud se consacre à l'écriture.

Chantal Clergeaud

Votre beauté au naturel

Comment préparer vous-même tous vos produits de beauté

Ouvrage publié sous la direction de Jean-Luc Darrigol

Deuxième édition

Éditions Dangles
18, rue Lavoisier
45800 SAINT-JEAN-DE-BRAYE

OUVRAGES DU MÊME AUTEUR

Nouvelles recettes pour une alimentation saine (CEVIC; 1982).
Mystères et secrets du pollen (La Vie claire; 1982).
Mystères et secrets de l'argile (La Vie claire; 1983).
Mystères et secrets du soja (La Vie claire; 1984).
Du tonus en plus : aliments compléments et compléments alimentaires (Calmann-Levy; 1987).
Huiles de beauté et de santé (Cheminements; 1997).
Auto-ostéopathie (Recto-Verseau; 1999).
L'Argile, terre de vie (Labussière; 1999).
Un ventre plat pour la vie (Les 3 Spirales; 2000).
En finir avec les jambes lourdes (SAEP; 2001).
Comment nourrir naturellement son enfant (Les 3 Spirales; 2001).
Les Protéines végétales (Les 3 Spirales; 2001).
L'Agar-agar (Les 3 Spirales; 2001).
Les Cocktails revitalisants (Labussière; 2001).
Cuissons santé (Les 3 Spirales; 2002).
Votre beauté au naturel (Dangles; 2002).

En collaboration avec Lionel Clergeaud :
Galettes salées et sucrées (Dangles; 2002).
Tartes salées et sucrées (Dangles; 2002).
Cuisine au tofu (Dangles; 2002).
Pâtés végétaux (Dangles; 2002).
Pains et brioches (Dangles; 2002).
Graines germées (Dangles; 2002).

ISSN : 0180-8818
ISBN : 2-7033-0532-X

À mes filles Gwendoline, Lydwine et Gwenwed.
À mon amour de petite fille, Nolwen.

Introduction

La beauté est une promesse de bonheur.

Stendhal.

FAIRE la différence entre la beauté que nous imposent les professionnels du cosmétique et la vraie beauté naturelle est désormais à notre portée. Voici un livre sur la beauté et les cosmétiques ! Encore un me direz-vous ! Quel intérêt ?

D'innombrables ouvrages et magazines traitent régulièrement de ce thème universel, sans compter les publicités intensives vantant la dernière crème de jeunesse des laboratoires X, la nouvelle technique chirurgicale qui fait disparaître les rides ou l'appareil miracle d'avant-garde qui gomme les vergetures ou vous fait des jambes parfaites... Sans complexes, d'ailleurs, la publicité en encensera, quelques mois plus tard, de nouveaux, et les anciens seront enterrés.

C'est en cela que ce livre est différent : il va à l'encontre de cette beauté factice, artificielle et coûteuse, et vous entraîne hors des sentiers battus et rabattus du cosmétique. Plus d'une fois, vous serez étonné, peut-être même choqué par mes propos ; j'espère seulement qu'à la fin de votre lecture, le monde de la beauté vous apparaîtra différemment, et surtout plus objectivement. Mais d'abord, voyons les raisons qui ont motivé la naissance de ce livre.

Tout d'abord, on peut s'étonner de ce que l'un des rares secteurs en augmentation sur le plan économique à l'heure actuelle soit celui des cosmétiques et des soins esthétiques ; eh oui, il n'y a pas de crise pour la beauté ! C'est dire l'importance, pour l'homme et la femme d'aujourd'hui, de cultiver son image et prendre soin de son corps. Encore faut-il savoir quels soins sont vraiment appropriés ! Nous y reviendrons plus tard.

Le marché de la beauté est en pleine expansion, le consommateur préfère se « tartiner » de crème ou de lait plutôt que de consacrer un budget plus important à une alimentation saine, à des activités culturelles ou sportives, à la lecture, aux vacances… Étant donné que leur beauté est prioritaire aux yeux de mes contemporains, j'ai voulu plonger plus avant dans cet univers qui nous fait rêver, et voir si l'envers du décor était aussi enchanteur que l'endroit (qualité des ingrédients, nécessité des produits, efficacité, composition, coût…).

Le *nec plus ultra* des arguments de vente actuels, le plus *in* et le plus « porteur », est sans contestation possible celui où le naturel est mis en avant ; en quelque sorte, la « beauté verte ». Peu importe que la crème en question ne contienne que 0,04 % d'une huile essentielle quelconque et que les 99,96 % restant soient synthétiques. Qui nous dit d'ailleurs que cette huile essentielle est elle-même 100 % pure et naturelle, et non pas reconstituée en laboratoire, ce qui est tout à fait probable étant donné le reste de la composition ? Cela fera l'objet d'un chapitre de ce livre, dans lequel on fera la différence entre naturel et synthétique, entre leurs actions respectives.

Certes, la nature se vend bien, l'écologie et l'environnement sont à l'ordre du jour. Notre terre étant malade de nos erreurs trop longtemps répétées (pollutions, produits chimiques, agriculture intensive, etc.), parler de naturel est de bon ton, et les professionnels de la publicité le savent bien. Aussi voit-on fleurir ici et là des gammes de produits, les uns avec un emballage en carton recyclé, les autres utilisant un élément naturel – style argile, plantes, miel, huile – dans leur composition, le tout présenté sur fond de nature sauvage. Mais le peu de naturel contenu, savamment mis en avant, occulte le reste de la composition, et c'est le consommateur qui, une fois de plus, est berné. Il est doublement berné, d'ailleurs, car peut-on attendre une quelconque action de cette infime quantité d'extrait végétal, action rendue complètement inefficace par la présence de colorants, de conservateurs, d'émulsionnants, de parfums… ?

Puisque les « bourses » sont plates et que les consommateurs veulent du naturel, quoi de plus naturel, justement, que de fabriquer soi-même ses produits cosmétiques. Vous réaliserez une économie intéressante et serez ainsi certain de la qualité de vos ingrédients ; vous en avez un grand nombre sous la main dans votre cuisine (crème fraîche, lait, huile, fruits, légumes, miel…). Quant aux autres, vous les découvrirez lors de vos promenades ou chez votre herboriste. Vous trouverez d'ailleurs dans cet ouvrage de nombreuses recettes de beauté simples et rapides à réaliser.

Une autre motivation a suscité ce livre, et non des moindres : l'indignation que je ressens face à la souffrance injustifiée de milliers de petits animaux, obligés de tester – parfois jusqu'à la mort – la non-toxicité de nos cosmétiques (un chapitre entier y sera consacré). La beauté oui ! La souffrance non !

Si les cosméticiens cessaient de jouer aux apprentis sorciers en utilisant de plus en plus souvent des produits de synthèse, dont on ignore quelles réactions ils peuvent provoquer chez l'homme, et encore plus la combinaison de tous ces produits, ces souffrances deviendraient inutiles. Avec les produits naturels ces tests n'ont pas lieu d'être. Et même s'ils s'avéraient nécessaires, des méthodes alternatives fiables pour tester les produits sont au point. Découvrez-les avec nous.

Enfin, dernière motivation : l'on peut trouver d'excellents cosmétiques dont les créateurs (certains depuis plus de trente ans) travaillent sans publicité tapageuse, mais avec leur cœur, leur intégrité et leur foi. Ils nous distillent, à qui sait les voir, des produits de qualité, réellement naturels, qui n'ont nul besoin de la chimie pour faire du bien à notre peau et nous délivrer des senteurs venues tout droit d'un jardin enchanté.

Les cosmétiques naturels existent ! je les ai rencontrés !

Ce livre est donc conçu pour vous inciter à rechercher ces produits de qualité, pour vous aider à les distinguer dans cette jungle où le marketing est roi, et pour que vous arrêtiez de vous laisser aveugler par tout ce jargon pseudo-scientifique, ou séduire par les emballages à l'aspect flatteur et surtout vendeur (bien souvent plus onéreux que le contenu). Il a pour but de vous faire devenir des consommateurs responsables et soucieux de qualité, des « consommateurs beauté » avertis.

Vous y découvrirez la physiologie de la peau et les ingrédients utilisés en cosmétique classique, et vous comprendrez ainsi mieux l'intérêt de vous tourner vers la nature. Vous apprendrez également à connaître et à utiliser les huiles essentielles qui, avec les huiles végétales, sont à mon point de vue, nos meilleurs et nos plus actifs produits de beauté.

Tout au long de cet ouvrage, nous nous attacherons à montrer que la beauté est un tout, et qu'elle va de pair avec la santé physique et mentale de l'être humain. Une hygiène et des règles de vie irréprochables (alimentation, gymnastique, respiration, relaxation...), quotidiennement appliquées, sont donc indispensables, tout comme l'élimination des facteurs antivie (stress, tabac, alcool, excitants).

La beauté – beauté naturelle s'entend – est une aspiration normale de tout être humain pour s'élever vers un idéal. C'est le résultat, la récompense pourrions-nous dire, d'une harmonie parfaite entre le physique et le mental. Les Anciens l'avaient bien compris quand ils disaient : *Mens sana in corpore sano*[1].

1. « Une âme saine dans un corps sain » (Juvénal, v. 55-v. 140).

CHAPITRE I

La peau, notre atout beauté

1. Un organe indispensable à la vie

Fine enveloppe à la fois résistante et fragile, la peau épouse notre corps dans ses moindres replis. Elle a pour fonction de protéger notre organisme de toutes les modifications du milieu dans lequel nous évoluons (chaleur, froid, humidité ou sécheresse), mais elle doit, avant tout, être considérée comme le miroir de notre beauté tant interne qu'externe.

Douce ou rêche, fine ou épaisse, notre peau, qui est composée de trois couches principales, subdivisées elles-mêmes en sous-couches, fait office de bouclier sélectif. En effet, si pour certains produits elle constitue une barrière infranchissable, elle permet néanmoins à d'autres substances – graisses, huiles, beurre, crèmes, mais aussi alcool, gaz et certains produits toxiques comme le cyanure ou les sels de mercure – d'être véhiculées vers la circulation sanguine au plus profond de notre corps. Toutefois, son champ d'action ne se limite pas à cela : sa pigmentation, son innervation et sa vascularisation la désignent comme un véritable organe vital. Comme tel, le temps y imprime malheureusement son empreinte, cela d'autant plus vite que nous l'aurons délaissée.

Si nous voulons en retarder la dégénérescence, il nous faut, à tout âge et bien avant la trentaine, lui prodiguer un entretien régulier, en la préparant, en la soignant et la nourrissant, en un mot en la dorlotant.

Tous les docteurs Faust en blouses blanches l'ont bien compris, et ils se sont penchés sur ce phénomène afin de faire sortir de leurs éprouvettes la crème qui gommera les rides, le lait de Jouvence qui sera capable de nous redonner une peau de bébé, la lotion qui ravivera le teint comme par miracle ou l'onguent qui raffermira la poitrine. Malheureusement, un coup de baguette magique n'est bien souvent qu'un coup d'épée dans l'eau : rien ne pourra éviter que le temps, inexorablement, avance. Nous sommes les seuls à pouvoir retarder ses effets pervers, et il est inutile d'avoir recours à tant d'artifices pour conserver à notre peau sa jeunesse, sa beauté, sa fraîcheur, son éclat et sa souplesse.

Apprenons, tout d'abord, à mieux connaître ce tissu – dont l'apparence dépend de notre santé interne – et à cerner ses réels besoins ; alors seulement, nous pourrons choisir ou élaborer des laits, lotions ou crèmes aptes à le préserver des assauts du temps.

a) Pourquoi la peau ?

Loin d'être une simple enveloppe de protection, la peau participe à la vie globale de notre corps en remplissant les fonctions d'organe :

- Protecteur.
- Respiratoire.
- Absorbant.
- Excréteur.
- Climatiseur.

Organe protecteur

La peau assure la protection de nos organes internes contre tout choc, pression malencontreuse et, bien sûr, contre toute attaque microbienne. Elle joue également le rôle d'une tour de guet sans cesse sur le qui-vive, sensible à toute information en provenance du milieu extérieur : chaud, froid, piqûre, rayons, produits chimiques... Sans cet organe des sens très développé, nous aurions à subir de graves blessures. Pour mener à bien cette fonction, la peau renferme de très nombreux récepteurs tactiles.

Organe respiratoire

La peau apporte au sang une partie de l'oxygène indispensable aux tissus, et élimine le gaz carbonique rejeté. Malgré sa superficie cent fois moins importante que celle des lobes pulmonaires, la respiration cutanée ne doit pas être négligée. Une peau sale, aux pores obstrués, ne remplira plus ses fonctions et ne tardera pas à dégénérer.

Organe absorbant

Barrière sélective, la peau laisse pénétrer dans l'organisme certains corps parfois nocifs pour notre santé. Si elle est pratiquement imperméable à l'eau, elle laisse relativement bien pénétrer les corps gras (d'autant plus facilement s'il y a, parallèlement, massage), de nombreux gaz (oxygène, oxyde de carbone, vapeurs acides, azote) et, malheureusement, certaines substances dangereuses telles que cyanure, iode, sels de mercure.
N'oublions pas non plus sa perméabilité à certains rayons : elle laisse pénétrer les ultraviolets (indispensable à la synthèse de la vitamine D, de pigments colorants, de cholestérol...), les infrarouges et les rayons X ; ces derniers lui sont toujours néfastes, quelle que soit la densité utilisée, car ils brûlent ou perturbent le métabolisme cellulaire.

Organe excréteur

Avec la fonction de poumon secondaire, la peau cumule celle de rein secondaire en raison de la présence de nombreuses glandes sudoripares, qui sécrètent la sueur, de composition analogue, mais diluée et moins concentrée en urée que celle de l'urine. Cette fonction ne doit pas être négligée car la peau rejette 33 % de l'eau excédentaire de notre corps (contre 48 % pour l'urine), ce qui est une raison supplémentaire pour l'entretenir quotidiennement.

Organe climatiseur

Pour lutter contre la chaleur, la peau met en marche deux types d'action : les capillaires se dilatent et les glandes sudoripares sont stimulées ; il en résulte une diminution thermique. En cas de froid, le phénomène inverse se met en marche. Les calories en excès ne sont pas éliminées mais vont servir à lutter contre l'abaissement de la température.

b) La peau : une armure multicouche

Constituée d'une juxtaposition de cellules, la peau laisse apparaître en coupe trois assises qui, de l'intérieur vers l'extérieur, sont : l'hypoderme, le derme et l'épiderme.

Elle respire par les pores et son épaisseur, suivant les régions de notre corps varie de 0,5 mm à 4 mm.

L'hypoderme

Couche profonde et épaisse, l'hypoderme est constitué de tissu conjonctif adipeux, en d'autres termes de lobules graisseux remplissant une triple fonction :

- Isolation thermique.
- Réserve de graisse et d'eau.
- Matelas antichoc de protection.

Il assure la protection des tissus sous-jacents, desquels il est séparé par une lame constituée de fibres élastiques assurant soutien, union et glissement des différents tissus entre eux. À ce niveau pénètrent les vaisseaux nourriciers et les nerfs. Les zones les plus fines sont presque totalement dépourvues de couche adipeuse (paupières, nez, aine, aisselles...) ; étant très fragiles, elles demandent beaucoup d'attention.

Le derme

Véritable charpente du tissu cutané, le derme ne présente aucune limite précise avec l'hypoderme, mais il se trouve en étroite relation avec le reste du corps par les voies nerveuses, vasculaires, hormonales et lymphatiques. Le réseau capillaire assure le transport de tous les éléments ayant franchi la barrière épidermique vers la circulation et, à l'inverse, l'apport des déchets organiques qui doivent être éliminés par la peau.
Le derme se compose lui-même de deux parties :

- *Le corps papillaire :* formé à sa partie supérieure d'un tissu conjonctif à mailles lâches ; il doit son nom aux papilles dermiques reliant derme et épiderme. Le réseau capillaire très dense en cet endroit assure à la peau sa nutrition.

➠ *Le chorion :* à lui seul, il représente les 4/5 du derme. Son tissu conjonctif à mailles serrées en fait la véritable charpente du tissu cutané. Le chorion doit sa résistance et son élasticité à l'association de fibres de collagène et de fibres élastiques (constituées d'une protéine : l'élastine). L'ensemble de ces fibres est entouré d'une substance fondamentale non cellulaire au sein de laquelle de grosses molécules de mucopolysaccharides (molécules protidiques hydrophiles) assurent l'hydratation de la peau.

L'épiderme

Troisième couche, il représente l'enveloppe superficielle de la peau, et subit toutes les agressions et modifications du monde extérieur. C'est également par son intermédiaire, et les soins que nous leur prodiguerons, que le derme et l'hypoderme conserveront leurs propriétés et fonctions.

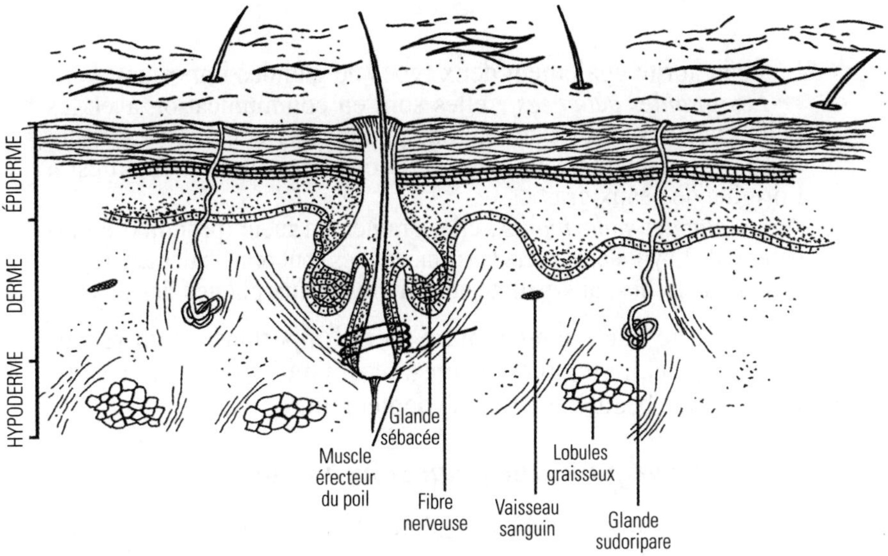

Coupe de la peau

Épithélium stratifié, l'épiderme se compose de l'intérieur vers l'extérieur :

➠ D'une couche basale ou germinative séparée du derme par la membrane basale et formée d'une assise de cellules rectangulaires tassées les unes contre les autres ; elle produit les cellules épidermiques.

➠ Du corps muqueux de Malpighi constitué de plusieurs couches de grandes cellules ; elles proviennent de la migration des cellules de la couche basale vers l'extérieur.

➠ D'une couche granuleuse : le protoplasme des cellules poussées vers l'extérieur commence à dégénérer et se charge de granulations.

➠ D'une couche claire : le processus s'intensifie et les cellules se saturent d'éléidine, point de départ du phénomène de kératinisation.

➠ D'une couche cornée : à ce niveau les cellules totalement kératinisées assurent la protection de la peau ; elles se présentent sous un empilement cellulaire souvent important (plus de vingt assises). En se désagrégeant, la première assise libère un liquide huileux, film gras qui préserve la souplesse de l'épiderme.

La peau abrite également deux types de glandes importantes :

➠ *Les glandes sébacées :* elles sont en communication avec les poils, et déversent à l'extérieur un liquide gras (le sébum) destiné lui aussi à graisser la peau. Une sécrétion excessive de sébum est à l'origine de peaux grasses.

➠ *Les glandes sudoripares :* elles drainent la sueur (produit d'élimination) de l'hypoderme vers la surface ; elles sont principalement réparties aux aisselles, aux paumes des mains et aux plantes des pieds.

Cette courte étude nous montre bien l'importance d'un renouvellement cellulaire régulier et constant. Il faut l'entretenir et le stimuler pour que beauté et jeunesse demeurent.

c) Un pH acide pour une peau sans boutons

Le pH, *potentiel hydrogène,* désigne l'acidité ou l'alcalinité d'un corps. Cette mesure est fournie par la concentration en ions hydrogène de ce corps et se caractérise par un chiffre de 1 à 14 :

➠ Un pH de 1 à 7 = milieu acide.

- Un pH de 7 = neutralité.
- Un ph de 8 à 14 = milieu basique.

En ce qui concerne notre peau, son pH (facile à mesurer avec un pH mètre ou du papier tournesol) est généralement acide (la sueur renferme de l'acide lactique), exception faite pour les peaux grasses. Le film lipidique qui recouvre la peau (résultat de la combinaison des sécrétions sébacées et sudoripares) constitue une véritable barrière protectrice et évite la propagation de tout germe microbien. Cette acidité, indispensable à l'équilibre métabolique de la peau, permet des échanges intérieurs/extérieurs réguliers et normaux.

Dans le cas d'une peau grasse, en revanche, son pH alcalin ne lui permet pas de lutter contre une éventuelle infection ; ses pores dilatés et obstrués sont le siège de nombreux boutons et points noirs. Il convient donc de bien faire attention à la protection d'une telle peau qui requiert des soins adaptés, capables de régénérer le pH acide indispensable. Cela ne veut pas dire que les autres peaux ne craignent rien, bien au contraire, de nombreuses causes tant internes qu'externes peuvent endommager ce bouclier acide.

Le danger vient de l'intérieur

La peau, comme tout organe, fonctionne au maximum de ses capacités lorsque le métabolisme interne, c'est-à-dire les réactions de nutrition et d'élimination, n'est pas perturbé.
Dans le cas contraire, une alimentation déséquilibrée et carencée, et une mauvaise élimination se reporteront sur la santé de votre peau qui, mal nourrie et mal drainée, vieillira plus vite, et son film acide protecteur sera mis à mal.

Le danger vient de l'extérieur

Nous pouvons agir sur certaines causes, pas sur d'autres. Au rang des premières se trouve notre habituelle savonnette, dont l'action, hormis celle de nettoyer, endommage bien souvent l'acidité de la peau, en raison de son pH alcalin. Aussi faut-il bien souvent choisir ses produits de beauté, notamment sa lotion, avec soin, de façon à redonner à la peau un pH normal, ou encore choisir un savon acide.

Parmi les causes que nous sommes contraints de subir, nous pouvons citer la pollution. Véritable épée de Damoclès suspendue au-dessus de nos têtes, elle maltraite notre peau, l'irrite, l'asphyxie, obstruant ses pores et modifiant son pH. La plus grande partie des poussières et impuretés (et l'atmosphère des villes en est saturée) présentes dans l'air sont d'un pH supérieur à 7. En se déposant sur la peau, elles ont tendance à neutraliser son acidité. Là encore, soyez vigilant dans le choix de vos savons et lotions.

2. Comment diagnostiquer votre type de peau ?

Chaque peau nécessite, pour l'entretenir, la préserver ou la soigner, des produits de soins appropriés. Vous devez donc apprendre à la connaître.

Parmi les différents types de peaux cités ci-dessous, essayez de retrouver le vôtre.

a) Peau normale

Rare chez les adultes car très fragile, c'est la peau des bébés. Elle réagit très vite aux agents extérieurs (froid, soleil, vent, pollution) et aux produits cosmétiques mal adaptés. Son pH acide (5,5) interdit toute utilisation de produits ayant un pH supérieur à 7. D'une épaisseur moyenne, elle possède un grain fin, uniforme, régulier, et un teint lumineux (rosé). Dès qu'il gèle, des rougeurs apparaissent, mais elle a rarement des boutons et ne pèle jamais.

b) Peau sèche

Elle est très souvent à la fois sèche, alipique (manque de gras par fonctionnement insuffisant des glandes sébacées), déshydratée et couperosée (fragilité capillaire). Après nettoyage, cette peau présente des sensations de tiraillement. Son pH est acide. C'est une peau très fine, mince, au grain serré. Par absence de film protecteur, elle se déshydrate très vite, alors attention aux rides prématurées et à la couperose ! La peau sèche ne rougit qu'à une température relativement basse (– 4 à – 6 °C) et pèle facilement.

c) Peau grasse

Elle apparaît plutôt à la puberté. En raison d'un excès de sécrétions sébacées, elle est sujette aux boutons (peaux acnéiques). Son aspect n'est pas modifié par les changements de température et elle présente un pH alcalin. C'est une peau luisante et huileuse, principalement sur la partie médiane du visage (front, nez, menton).

Peau au teint grisâtre et aux pores dilatés sur toute sa surface, elle ressemble à une peau d'orange. Des comédons occupent menton et ailes du nez. Néanmoins, c'est une peau robuste et résistante aux changements atmosphériques. Elle ne pèle que rarement.

d) Peau mixte

Bien que la teneur en eau de la peau mixte soit normale, son épiderme a du mal à conserver son hydratation. Peau grasse en sa partie médiane (front, nez, menton) et sèche ailleurs, cette peau aux pores dilatés sur sa partie médiane présente rarement des points noirs sur les joues. C'est une peau sensible à la couperose.

e) Peau sensible

Elle réagit très vite aux modifications atmosphériques (froid, vent, soleil, sécheresse) et présente une nette tendance à se déshydrater. Comme la peau sèche, elle tiraille après nettoyage. Malgré des rougeurs diffuses, ponctuelles ou permanentes, cette peau peut être normale, grasse ou sèche. Sensible à la couperose, elle pèle facilement, rougit dès les premiers froids et présente des dartres en atmosphère déshydratée. Il faut en prendre soin très tôt de façon à éviter les rides.

3. Une peau vraiment à part : le cuir chevelu et les cheveux

Le cuir chevelu, histologiquement parlant, a une structure identique à celle de la peau. Seules quelques petites particularités le différencient d'elle :

- Il recouvre une structure osseuse, plate et rigide.

➡ L'épiderme y est mince.
➡ Le derme apparaît beaucoup plus épais qu'ailleurs, et il renferme un très grand nombre de follicules pileux aux poils beaucoup plus gros.
➡ Présence dans le derme d'un très grand nombre de glandes sébacées (autant que de follicules pileux) et sudoripares.
➡ Enfin, le cuir chevelu bénéficie d'une plus grande vascularisation et innervation.

Il est vrai que le cuir chevelu présente une particularité : il donne naissance et nourrit cette précieuse parure qu'est notre chevelure.

a) Le cheveu

Élément annexe du cuir chevelu, il est implanté obliquement (pour donner ainsi un sens à la chevelure) dans le follicule pilo-sébacé.

Un cheveu est composé de deux parties :
➡ *La racine :* partie cachée, constituée de cellules vivantes et située dans le derme. Elle se termine par le bulbe dont la partie évidée (la papille) accueille les vaisseaux sanguins et les nerfs. Un cheveu sans papille est un cheveu mort, sur le point de tomber.

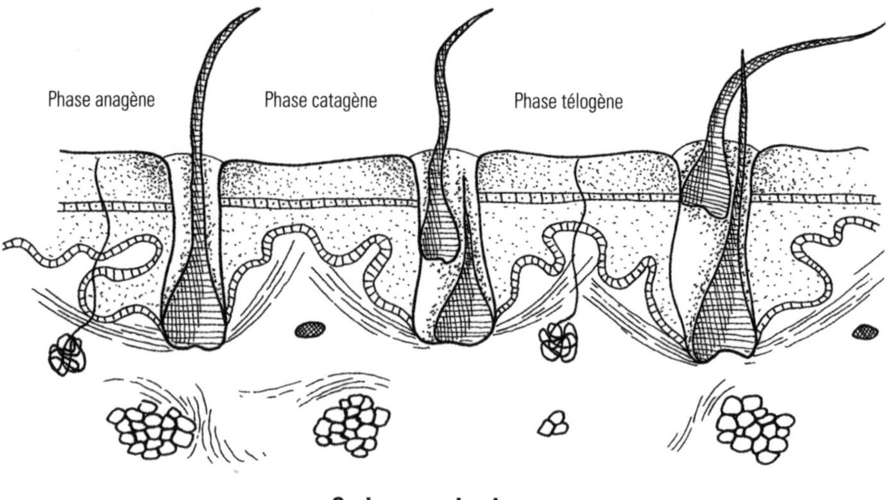

Croissance du cheveu

➡ *La tige ou partie visible :* elle se compose de cellules totalement kératinisées, et apparaît en coupe constituée de trois parties concentriques. De l'intérieur vers l'extérieur, on distingue : le canal médullaire, le cortex (partie principale de la tige qui contient la mélanine) et la cuticule (mince couche de cellules cornées assurant la protection du cheveu).

Au cours de sa vie, le cheveu rencontre trois phases minimales de croissance :

➡ *Phase anagène :* elle dure de quatre à sept ans et correspond à la période de vie du cheveu.

➡ *Phase catagène :* elle est beaucoup plus courte car elle n'excède pas quinze jours. La papille disparaît et le bulbe se kératinise. Le cheveu meurt.

➡ *Phase télogène :* légèrement plus longue (deux à trois mois), le cheveu mort attend de tomber, poussé par un nouveau cheveu.

Une chevelure en parfaite santé se compose de 80 à 85 % de cheveux en phase anagène, de 1 % en phase catagène et de 14 à 19 % en phase télogène.

Le nombre de cheveux fixés à la naissance diffère en fonction de la couleur : les blonds ont plus de cheveux que les bruns. Leur forme varie également d'un individu à l'autre, influencée par l'hérédité et, bien sûr, par la race ; on trouve ainsi des cheveux raides, frisés ou encore crépus.

Propriétés du cheveu

Les propriétés du cheveu sont multiples :

➡ Solidité.

➡ Imperméabilité : il résiste très longtemps à la putréfaction.

➡ Résistance vis-à-vis des acides, mais fragilité en présence d'une base. Cette propriété est de la plus grande importance si vous avez recours aux permanentes et colorations artificielles.

➡ Élasticité : le cheveu mouillé peut doubler de longueur.

➡ Il brûle très facilement.

➡ Il est hydrophile : il gonfle et s'allonge à l'humidité.

b) Le follicule pileux et les glandes sébacées

Le follicule pileux, cavité abritant le cheveu, se compose de deux parties :

➠ *Le bulbe :* partie profonde qui adhère totalement au cheveu.
➠ *L'entonnoir folliculaire :* partie où le cheveu est libre.

C'est à la base de l'entonnoir qu'est située la glande sébacée (parfois deux), glande exocrine en grappe car formée de nombreux sacs en relation les uns avec les autres. La glande sébacée sécrète le sébum, substance grasse aux fonctions multiples :

➠ Il lubrifie le cheveu.
➠ Il lui donne sa brillance.
➠ Il rend le cheveu souple.
➠ Il assure, en le gainant, sa protection vis-à-vis des agents extérieurs souvent agressifs (pollution).

Attention à l'excès de séborrhée

Si les glandes sébacées sont indispensables à la santé du cheveu, l'excès de sébum, quant à lui, caractérise un déséquilibre qui touche aujourd'hui une femme sur quatre. L'augmentation du volume des glandes sébacées et de la quantité de sébum déversé dans les follicules pileux, cause du cheveu gras, peut avoir de nombreuses causes :

➠ ***Alimentaires :*** **alimentation carnée trop riche en corps gras. Manque d'aliments complets riches en fibres ; déséquilibre acido-basique.**
➠ ***Glandulaires :*** **déséquilibre des sécrétions hypophysaire, parathyroïdienne et corticosurrénalienne.**
➠ ***Nerveuses :*** **nervosité excessive, dépression, anxiété.**
➠ ***Médicamenteuses :*** **la prise de certains médicaments peut augmenter les sécrétions séborrhéiques (antibiotiques, barbituriques, diurétiques, pilule, tranquillisants).**
➠ ***Extérieures :*** **l'utilisation abusive de teintures (chimiques), permanentes, shampooings de mauvaise qualité (même créés spécialement pour cheveux gras).**

Dans la majeure partie des cas, il vous sera facile de savoir pourquoi vos cheveux sont gras, et de modifier certaines de vos habitudes pour retrouver une somptueuse chevelure.

c) Découvrez la nature de vos cheveux

Les cheveux normaux

Souples et d'aspect soyeux, ils brillent, sont lumineux, pleins de vitalité et toniques.

Les cheveux secs

D'aspect terne et triste, sans éclat, ils sont rêches et manquent de gaine protectrice (défaut de sébum) ; ils deviennent fragiles, cassants. Généralement très fins, ces cheveux dévitalisés tombent plus vite que les autres.

Les cheveux gras

Ces cheveux sont luisants, collés par le sébum ; ils donnent l'impression d'être sales en permanence. Après le shampooing, ils deviennent vite incoiffables.

4. Le vieillissement de la peau

a) Pourquoi vieillissons-nous ?

Bien qu'il s'agisse d'un processus naturel, le vieillissement fait peur. Au fur et à mesure que nous avançons en âge, les cellules se régénèrent moins régulièrement et le collagène se modifie dans sa texture, l'ADN participe moins activement au renouvellement cellulaire. Par voie de conséquence, l'hydratation de la peau moins bien assurée entraîne le flétrissement cutané. Ayant perdu sa tonicité, son élasticité et sa fermeté, elle se ramollit, perd de son éclat et se parchemine. Si ce processus demeure inéluctable, nous pouvons toutefois en retarder les effets et éviter un vieillissement prématuré des tissus en prenant soin de notre corps dans sa globalité :

- Adopter un mode de vie sain.
- Opter pour une alimentation équilibrée.
- Entretenir régulièrement sa musculature.
- Prodiguer à la peau des soins de beauté adaptés au moyen de cosmétiques de qualité.
- Éviter les abus.

L'ADN, molécule miracle

L'ADN, ou plus scientifiquement *acide désoxyribonucléique*, est en passe d'être mangé à toutes les crèmes puisque depuis quelques années, il apparaît sur la plupart des publicités concernant le rajeunissement. Acide indispensable au fonctionnement et renouvellement cellulaire, l'ADN permet la synthèse des protéines nécessaires à l'élaboration de toute matière vivante. Sa présence apparaît donc de toute première importance dans le derme au niveau de la couche germinative. Mais plus nous avançons en âge, plus l'ADN perd de son efficacité. Il s'ensuit une désorganisation de la multiplication cellulaire, principale cause du vieillissement.

Le respect de ces quelques principes vous permettra, sans trop de heurt, de franchir le cours des ans.

b) Notre visage vieillit

Les premières rides à faire leur apparition sont celles du front (vers 25 ans), suivies de près par les rides intersourcillières (ou rides du lion) qui donnent au visage un air de sévérité.

Dès 30 ans, les paupières commencent à perdre de leur élasticité et vont petit à petit s'alourdir, ce qui donne au visage moins de tonicité. À partir de 35 ans, les rides autour des yeux commencent à se dessiner ; elles peuvent très vite se transformer en pattes d'oie.

Parallèlement, aux alentours de 30 ans, les premières ridules apparaissent aux commissures des lèvres. Peu à peu la lèvre supérieure va elle aussi commencer à se rider, laissant diffuser le rouge à lèvres. Puis le pli naso-génien va s'affirmer au fur et à mesure que tombent les joues.

Au-delà de 30 ans, le visage commence à s'affaisser. Vers la quarantaine, la peau perd de sa souplesse et de son élasticité ; elle devient molle, se déshydrate et se ride. Tout commence par le cou : des rides apparaissent, rapidement aggravées par l'affaissement des joues et du menton.

Apparition des premières rides

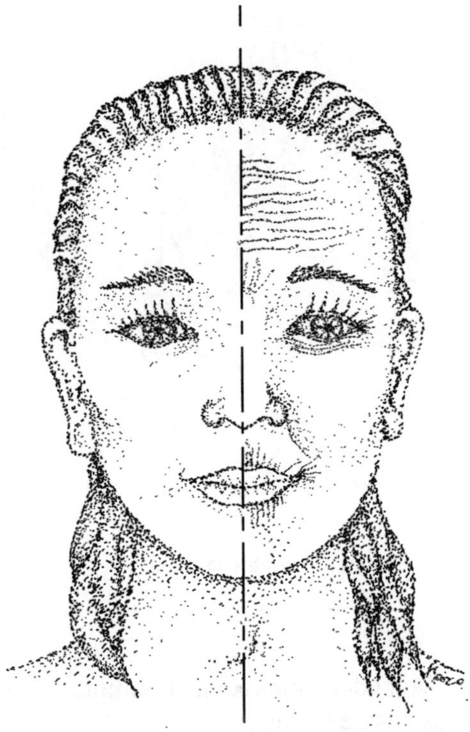

....

5. Savoir préserver la beauté de sa peau

a) L'importance musculaire

Le visage, comme le reste du corps, doit sa tonicité aux muscles : si notre musculature n'est pas sollicitée, elle s'atrophie, devient flasque et ne répond plus à ses exigences. D'où l'importance d'une gymnastique pratiquée régulièrement, tant pour le maintien et la tonicité du corps, que pour le visage. Effectivement, certains mouvements appropriés éviteront l'apparition de rides précoces, et c'est là un facteur sur lequel nous pouvons et devons agir.

Dès 25 ans, il faut entretenir la tonicité de votre visage et de votre cou par des mouvements appropriés, au même titre que la musculature de votre corps.

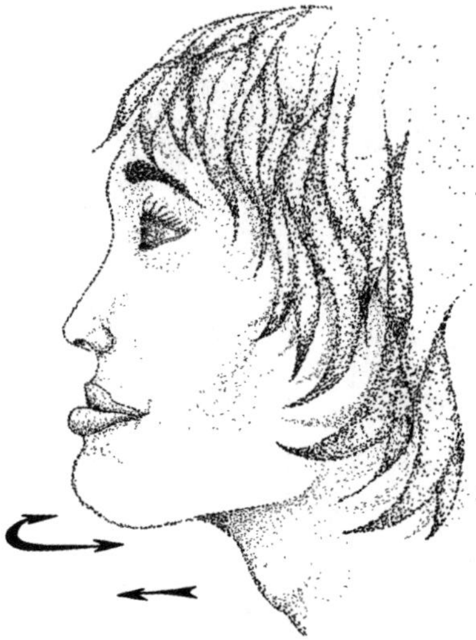

Éliminer le double menton

Relever les muscles de la bouche

Voici deux mouvements simples et efficaces pour le menton et les muscles de la bouche :

Pour éliminer (ou atténuer) le double menton

Assise bien droite, envoyez le menton en avant et avancez la lèvre inférieure au maximum. En gardant cette position, tournez lentement la tête le plus loin possible à droite, puis à gauche.
Faites cet exercice une dizaine de fois aussi souvent que possible.

Pour relever les muscles affaissés de la bouche

Placez les mains sur les joues. En maintenant fermement les pommettes, essayez de relever le plus haut possible votre bouche d'abord à droite, puis à gauche lentement.
Faites cet exercice une dizaine de fois.

Atout beauté : le collagène, pour une belle peau

Avant l'élastine, présente en moindre proportion, le collagène est l'élément constitutif principal lorsqu'il s'agit de la beauté de la peau. Il lui assure élasticité, fermeté et souplesse. Mais, au fil des ans, ce tissu d'une durée de vie très courte (quarante-huit heures) se renouvelle moins régulièrement. Un collagène âgé, moins élastique, envahit peu à peu le derme au détriment d'un collagène jeune et souple. Il en résulte une lente disparition des molécules de polysaccharides et donc une déshydratation prématurée de la peau qui, mal hydratée, se rétracte, perd de sa souplesse et se ride.

Très tôt, il faut assurer à notre peau le renouvellement constant d'un collagène jeune et élastique, riche en molécules hydrophiles si précieuses.

b) Éviter les abus

Les abus de tous ordres accélèrent le vieillissement des tissus. Citons les plus importants :

➠ L'alcool qui favorise la production de radicaux libres et fatigue le foie.

➠ Le tabac qui favorise la déshydratation des tissus et les rides, perturbe l'assimilation de la vitamine C.

➠ Les abus alimentaires qui surchargent nos organes épurateurs.

➠ Le sport trop intensif qui favorise la production de radicaux libres et fatigue l'organisme.

➠ Le soleil qui accélère la déshydratation et le vieillissement des tissus et favorise l'apparition de certaines maladies de peau.

➠ Le «psy» : une vie mouvementée, l'accumulation de soucis, le stress fatiguent moralement et physiquement. Ils tuent à petit feu et nous font vieillir prématurément. La relaxation, la respiration, la pensée positive sont de merveilleux atouts pour prendre la vie du bon côté.

➠ Le manque de sommeil.

c) L'hérédité

Nous abordons là un sujet particulièrement délicat. Notre hérédité conditionne-t-elle notre devenir physique et moral ? En grande partie certainement, mais généralement, nous vivons en fonction d'un schéma d'habitudes, léguées par nos grands-parents, puis par nos parents. À nous d'étudier ces habitudes ; si elles sont mauvaises, nous devons les modifier pour notre bien-être. Mais, par-dessus tout, nous devons pleinement accepter ce qui est purement héréditaire au niveau physique. Cela ne veut pas dire baisser les bras, mais contourner les défauts, et les atténuer.

CHAPITRE II

Les besoins de notre peau

1. Les besoins alimentaires de notre peau

Miroir de notre santé interne, la peau reçoit par sa vascularisation tous les éléments indispensables à son entretien. De notre façon de manger et du choix de nos aliments dépend la nutrition correcte de nos tissus, afin qu'ils puissent répondre à leurs exigences. Aussi, pour préserver notre capital santé, notre ration alimentaire quotidienne se doit d'être diversifiée, équilibrée et non intoxicante de façon à nous fournir :

➠ La quantité, en rapport avec nos dépenses énergétiques (exercice physique).

➠ La qualité propre à assurer un métabolisme parfait et la nutrition correcte de nos cellules.

La peau étant l'organe périphérique, elle sera alimentée en dernier. Une alimentation incomplète et mal équilibrée ne pourra donc la nourrir convenablement et, très rapidement, elle aura à souffrir d'un manque protéique, minéral ou vitaminique. À l'inverse, tout abus, et principalement en graisses et en sucres, impose un surcroît de travail à nos organes épurateurs et perturbe notre métabolisme.

La peau se trouvera alors affectée à différents niveaux :

➠ Engorgement de ses cellules avec déséquilibre des échanges internes/externes. La peau perd sa vitalité, son éclat et ses pores se bouchent.

➟ Apparition de troubles dermatologiques, qui sont à considérer comme des réactions organiques normales dont le but est de suppléer nos organes épurateurs sursaturés. Il est bien évident que ces manifestations ne concourent pas à offrir aux regards une belle peau.
➟ Modification du pH de la peau, qui devient alors plus réceptive aux affections et aux agressions extérieures.

a) Ses besoins en minéraux et oligoéléments

Les minéraux représentent 3,37 % du poids du corps ; ils se subdivisent en sels minéraux et oligoéléments. Les premiers ont un rôle plastique et catalytique. Les seconds agissent seulement comme des catalyseurs. Toujours en liaison avec les vitamines, ils permettent aux réactions chimiques nécessaires à l'équilibre organique de s'effectuer. Sans eux, pas de vie, c'est-à-dire pas de réactions enzymatiques possibles. Le corps a la faculté de pouvoir stocker les minéraux et, *a priori,* aucune carence n'est à craindre, si ce n'est notre alimentation raffinée et dévitalisée souvent incapable de couvrir nos besoins.

MINÉRAUX ET OLIGOÉLÉMENTS INDISPENSABLES À NOTRE PEAU	
Calcium	Élément constitutif du tissu osseux, il intervient comme régulateur de l'énergie cellulaire.
Phosphore	Comme le calcium, il participe à l'élaboration du tissu osseux; il entre également dans la composition de la membrane cellulaire.
Magnésium	Indispensable à la synthèse de l'ADN, sa carence perturbe les mécanismes de reproduction cellulaire.
Cuivre	Avec le magnésium, il facilite la synthèse de l'ADN.
Fer	Permet la fixation sur l'hémoglobine de l'oxygène nécessaire aux cellules.
Silicium et fluor	Nécessaires à la constitution des phanères (cheveux, ongles, poils).

Ces éléments sont présents en grande quantité dans tous les végétaux : fruits et légumes frais, fruits secs, céréales complètes, légumineuses, germes de blé, algues.

Ne pas oublier non plus la levure de bière.

b) Ses besoins en vitamines

Aussi précieuses que les oligoéléments, les vitamines jouent de la même façon un rôle de catalyseur. Elles sont nécessaires au métabolisme des protides, glucides et lipides.

VITAMINES LES PLUS IMPORTANTES POUR NOTRE BEAUTÉ	
Vitamine A	Permet le renouvellement cellulaire.
Vitamines B	Indispensables au métabolisme.
Vitamine C	Nécessaire à la structuration du collagène, elle stimule les phénomènes de cicatrisation.
Vitamine E	Agit en synergie avec la vitamine C pour protéger la cellule des radicaux libres.

Atout beauté : le facteur F

Classé généralement parmi les vitamines, le facteur F se trouve uniquement dans les corps gras. Il correspond aux acides gras polyinsaturés (AGPI) et regroupe notamment les trois principaux : arachidonique, linoléique et linoléinique. Le facteur F est donc plus un facteur vitaminique qu'une vitamine particulière. Les AGPI se comportent comme des catalyseurs et favorisent l'utilisation des vitamines liposolubles : A, D et E. Le corps humain, incapable d'en assurer la synthèse, doit les puiser dans notre alimentation. Aussi devons-nous être vigilants quant aux corps gras consommés. Nous devons privilégier bien sûr les huiles végétales de première pression à froid (les huiles raffinées ne présentent aucun intérêt nutritionnel), et plus particulièrement les huiles d'onagre, de bourrache, de tournesol, de sésame...

Le facteur F, constitué d'acides gras polyinsaturés, possède toutes leurs propriétés.

- **Il participe à l'élaboration des membranes cellulaires.**
- **Il favorise le transport, l'utilisation et l'élimination du cholestérol.**
- **Il lutte efficacement contre les troubles cardio-vasculaires.**
- **Il favorise la guérison des dermatoses (eczéma, psoriasis, troubles cutanés des nourrissons), de la furonculose et des ulcères variqueux.**
- **Il se révèle comme l'un des meilleurs protecteurs de l'épiderme (desquamation, sécheresse, crevasses...).**

Très fragiles et sensibles à la chaleur, les vitamines sont à rechercher de préférence dans les aliments crus : fruits, légumes, miel, pollen, céréales germées, soja, huiles non raffinées, jaune d'œuf, fruits secs et séchés, algues, levure de bière.

c) Ses besoins en protides ou protéines

Sans protéines, pas de beauté. Ce sont elles qui façonnent et qui construisent les muscles et assurent la tonicité et la fermeté de notre corps et de notre visage. Nous les retrouvons aussi dans la structure des anticorps, des enzymes et des hormones. Néanmoins, il ne faut pas en abuser ! Une consommation en excès produit urée et acide urique dont le corps doit se débarrasser.

Où trouver les protéines ?

➡ *Dans les produits végétaux de préférence :* céréales complètes, légumineuses, fruits oléagineux, graines germées, soja et sous-produits du soja, seitan.

➡ *Dans les sous-produits animaux :* fromages, yaourts, œufs (évitez le lait).

➡ *Dans les produits animaux :* viande (maximum 2 à 3 fois/semaine), poisson.

d) Ses besoins en lipides

Les graisses sont des aliments calorigènes. Les lipides sont importants pour l'organisme car ils :

➡ Lubrifient l'appareil digestif et facilitent le transit du bol alimentaire.

➡ Isolent et protègent les nerfs.

➡ Véhiculent les vitamines liposolubles.

➡ Protègent et assouplissent la peau.

➡ Constituent des réserves énergétiques de secours dans le foie et les tissus.

Où trouver les graisses ?

➡ *Dans les aliments riches en acides gras insaturés (à privilégier) :* huiles de première pression à froid, fruits oléagineux.

➡ *Dans les aliments riches en acides gras saturés (à éviter) :* charcuteries, viande, graisse de palme, huiles raffinées, margarines, sous-produits animaux.

e) Ses besoins en glucides

Les glucides n'ont qu'un rôle énergétique. Ils se divisent en sucres lents et sucres rapides devant être apportés à l'organisme dans la proportion de 2/3 de sucres lents pour 1/3 de sucres rapides.

Où trouver les sucres ?
➠ *Sucres lents :* céréales, légumineuses, pain, müesli.
➠ *Sucres rapides :* fruits frais et séchés, miel, sirop d'érable, malt d'orge et de riz, sucre roux, mélasse, sucre complet.

f) Ses besoins en eau

La peau ne peut être réellement hydratée que de l'intérieur, cela pour la bonne raison qu'elle est imperméable à l'eau. Aussi faut-il boire chaque jour une quantité suffisante d'eau (1 à 2 l selon le poids, l'âge, le climat, etc.). C'est un gage de santé et de beauté.

La meilleure eau est sans contexte l'eau vitale des fruits et des légumes. La ration quotidienne doit être complétée par de l'eau de source pure et peu minéralisée.

Atout beauté : la cure de jus

Lors des changements de saison, buvez le matin à jeun et dans l'après-midi un verre de jus fraîchement pressé et ce pendant un mois environ.

Les meilleurs jus pour votre peau seront ceux de carotte, de céleri, de pommes, d'abricots, de raisin. Choisir bien entendu des fruits et des légumes provenant de l'agriculture biologique. Vous pouvez les consommer seuls ou en mélange.

Véritable facteur de rajeunissement cellulaire, les jus de légumes et de fruits sont de puissants régénérateurs cellulaires et permettent de lutter contre l'accumulation de toxines dont l'acide urique, l'hypertension, le cholestérol ou l'engorgement des tissus.

Une tisane dépurative pour une belle peau

10 g de baies de genièvre.
20 g de fumeterre.
20 g de pissenlit.
10 g de reine des prés.
20 g d'anis vert.

Laissez bouillir 1 cuill. soupe de ce mélange dans 1/2 l d'eau pendant 5 min, puis infuser 15 min.
À prendre 21 jours de suite au printemps et à l'automne à raison de 2 tasses/jour.

La flore intestinale

Elle favorise un bon transit intestinal tout en protégeant les intestins d'un quelconque développement de germes pathogènes, elle facilite le nettoyage organique et stimule le métabolisme. Indirectement, elle agit sur la beauté de la peau en la réhydratant et en lui assurant tonicité, vitalité et éclat.

Cette flore intestinale protectrice peut être mise à mal par l'utilisation d'antibiotiques, le stress engendré par notre mode de vie et par une alimentation inadaptée. Aussi est-il parfois important de stimuler ou de réactiver l'action de cette flore de vie par la prise de levure de bière ou de ferments revivifiables.

g) Les compléments de la beauté

Pour combler rapidement les éventuelles carences en vitamines et minéraux de notre organisme, le stimuler, le régénérer et l'amener au mieux de sa forme et de sa beauté, l'apport de compléments alimentaires s'avère indispensable au quotidien ou sous forme de cures de un à trois mois.

Pour la beauté de la peau, prenez en particulier :

➟ *La vitamine C :* indispensable à l'organisme, nous en puisons une partie dans notre alimentation à condition qu'elle soit riche en crudités, fruits et graines germées. Mais ce n'est pas suffisant et il faut la compléter par de la vitamine C naturelle à base d'acérola ou de cynorrhodon, 1 à 2 comprimés dosés à 500 mg/jour.

➟ *Les huiles d'onagre et de bourrache :* riches en acides gras polyinsaturés, elles constituent une excellente prévention de la ménopause. De plus, elles possèdent une action régénératrice au niveau du vieillissement de la peau et agissent efficacement sur les rides, les vergetures et autres problèmes de peau. Quatre gélules de l'une ou l'autre de ces huiles (ou 2 gélules de chaque) dosées à 500 mg à répartir dans la journée en cure de vingt et un jours aussi souvent que nécessaire. Tous les jours à partir de la quarantaine.

➠ *La chlorella :* algue microscopique riche en vitamines (B12, B1, B2, B6, choline…), minéraux (fer, calcium, magnésium, phosphore, iode, zinc, cuivre, sélénium…), en protéines, en acides gras essentiels et en chlorophylle, tous les facteurs indispensables à notre organisme et à notre peau. Elle possède également un important pouvoir désintoxicant qui lui permet de fixer les métaux lourds comme le cadmium, le plomb, le mercure, ainsi que les divers autres produits chimiques et à s'en débarrasser par le système intestinal. La chlorella renforce notre système immunitaire, régénère notre énergie et retarde les processus de vieillissement. À prendre lors des repas en cure de trois mois (comprimés ou poudre).

➠ *La poudre de prêle :* riche en silice, elle est indispensable à une bonne croissance des ongles et des cheveux. À prendre en poudre, saupoudrée sur les crudités ou en comprimés.

➠ *Le pollen :* il contient des vitamines (A, E), des oligoéléments, des enzymes, des acides aminés et permet la régénération des cellules de la peau. Faire une cure de pollen 2 fois/an à raison d'1 cuill. à soupe chaque matin pendant vingt et un jours.

➠ *Le bêtacarotène :* précurseur de la vitamine A, il participe au renouvellement cellulaire, favorise le bronzage et la protection solaire. À prendre sous forme de gélules dès le mois d'avril ou de mai afin de préparer notre peau au soleil.

h) Les règles indispensables à une bonne hygiène alimentaire

Quelques règles simples pour bien manger :

➠ Mangez toujours à heures régulières.

➠ Évitez de grignoter entre les repas.

➠ Commencez chaque repas par des crudités.

➠ Éliminez la charcuterie, les sucreries, les pâtisseries industrielles, le sucre blanc, les boissons gazeuses, alcoolisées et excitantes.

➠ Choisissez toujours un pain complet biologique sur levain.

➠ Apportez à votre ration alimentaire des graines germées et des jeunes pousses ; elles sont la vie.

➠ N'abusez pas des produits laitiers (yaourt, fromage blanc…).

➠ Évitez le lait. Essayez le plus souvent de le remplacer par du lait de soja ou d'amandes.
➠ N'utilisez pas de sel blanc mais du sel gris ou du tamari.
➠ Pour sucrer vos préparations, utilisez du sucre roux ou, mieux, du sucre complet, du miel, de la mélasse, du sirop de malt ou d'orge.
➠ Apprenez à cuisiner les protéines végétales : tofu, seitan et tempeh ; ces aliments sont nutritifs, digestes et sans cholestérol.
➠ Consommez chaque jour une bonne ration de fruits frais entre les repas.
➠ Ne stockez pas vos fruits et légumes, ils perdent très rapidement leurs vitamines. Achetez-les si possible à des petits producteurs.
➠ Lorsque vous mangez une soupe, mâchez-la comme tout autre aliment.
➠ Ne buvez pas pendant les repas afin de ne pas diluer trop les sucs digestifs, mais plutôt entre les repas.
➠ Si vous êtes perturbé, anxieux ou énervé, sautez un repas. Prenez simplement un fruit ou une infusion.
➠ Évitez les repas copieux, le soir notamment.
➠ Levez-vous de table avant la sensation de trop-plein.
➠ Choisissez des aliments complets, non raffinés, de culture biologique.
➠ Privilégiez les cuissons douces à basse température et sans matières grasses (ou le moins possible) : cuisson à la vapeur, à l'étouffée… Rejetez sans hésitation les fritures et les cuissons au micro-ondes, dans du Téflon ou de l'aluminium.
➠ Et rappelez-vous qu'un jour de jeûne, une fois par semaine, est grandement profitable à votre santé et votre beauté : il permettra la mise au repos de tous vos organes et facilitera l'élimination des déchets.

> *La fréquence, la régularité et l'abondance des repas laissent inutilisée une fonction qui a joué un rôle individuel dans la survie des races humaines, l'adaptation au manque de nourriture… Le jeûne nettoie et transforme nos tissus.*

Pr A. Carrel.

2. Attention, ils nous veulent du mal !

a) Le soleil

Après onze mois de grisaille et, pour beaucoup d'entre nous, de « bureau-voiture », s'exposer pendant un mois aux chauds rayons du soleil semble bien légitime. Mais vouloir ressembler à une première page de magazine ne doit pas devenir un but en soi. Le soleil peut être ami ou ennemi. Un petit rappel semble nécessaire.

Les rayons solaires sont en partie composés d'UV (ultraviolets). Leur longueur d'onde, la plus courte, se rapproche de celle des rayons X. Et comme la longueur d'onde est inversement proportionnelle à la fréquence, les UV ont une fréquence élevée. Ces deux caractéristiques les classent comme des rayons extrêmement pénétrants. Parmi les UV existent les UV A et les UV B, rayons qui favorisent le bronzage. Celui-ci, qui est en fait une réaction de défense de la peau, débute par l'excitation des mélanocytes (cellules profondes de la peau) par les UV B. Les mélanocytes produisent alors de la mélanine qui, omxydée par les UV A, remonte à la surface de la peau où elle prend une teinte brune, s'épaissit et forme écran au soleil. Le rôle de la mélanine est donc de faire obstacle aux UV et de protéger les cellules de la couche basale.

Il est rare, en été, lorsque l'on s'expose de façon inconsidérée aux rayons du soleil, de ne pas rougir et de ne pas attraper un coup de soleil. Ce coup de soleil, dû aux infrarouges, ne doit en aucun cas être considéré comme anodin ; il représente un danger potentiel pour notre santé, et ce d'autant plus que nos séances bronzage ne répondent à aucun critère de progression, de durée et de temps. À chaque exposition, les UV passent à l'attaque : en excès, les UV B sont cancérigènes (cancers de la peau), et les UV A que l'on considère comme inoffensifs présentent les mêmes dangers. S'exposer trop longtemps au soleil et de façon répétitive flétrit la peau. Ce vieillissement cutané est dû aux UV A qui, pénétrant profondément dans le derme, entraînent la dégénérescence des fibres élastiques et du collagène. À fortes doses, le soleil entraîne l'apparition d'allergies.

Si vous désirez quand même profiter des bienfaits du soleil, attention à ne pas y laisser votre peau. Adoptez mesure, progression et, bien sûr, des produits cosmétiques réellement protecteurs, non allergéniques et ne contenant pas de photosensibilisants (voir p. 198).

b) Les radicaux libres

Le corps produit des molécules instables et hyperoxydantes, que l'on appelle radicaux libres, au cours du métabolisme de l'oxygène et lors d'expositions prolongées au soleil. Le tabac et l'alcool sont eux aussi générateurs de radicaux libres ; ils bloquent, de même que le café, l'absorption de certaines vitamines (A, B, C en particulier). De plus la pollution à laquelle nous sommes soumis et les gaz que nous respirons, chargés en métaux lourds, provoquent dans notre corps les mêmes réactions productrices de radicaux libres.

Normalement, les cellules fabriquent les enzymes capables de détruire ces molécules en excès, mais notre façon de vivre favorise l'apparition de ces radicaux dévastateurs qui non seulement diminuent les réactions cellulaires, mais détruisent définitivement leur membrane. Les radicaux libres capturent les molécules d'ADN et perturbent certaines de leurs fonctions liées à la synthèse des protéines ou à la transmission des caractères génétiques ; ainsi, ils sont responsables de notre vieillissement prématuré.

Afin de lutter efficacement contre leur action et d'éviter qu'ils ne se propagent trop rapidement, nous devons nourrir correctement nos cellules en leur apportant les antioxydants nécessaires.

Parmi eux, nous pouvons citer les vitamines A, C et E et les minéraux zinc et sélénium. Ce dernier oligoélément, découvert en 1817, favorise l'action d'une enzyme, le glutathion-péroxydase, qui protège la cellule des radicaux libres. Le zinc, quant à lui, fait intervenir la SOD, ou superoxyde dismutase, considérée aujourd'hui comme une des meilleures armes contre le vieillissement.

c) Le tabac

Nous connaissons tous, aujourd'hui, les effets majeurs du tabac sur notre organisme :

➠ Cancers du poumon, de la langue, du pharynx, du larynx, des lèvres.

- ➠ Infarctus du myocarde.
- ➠ Thrombose cérébrale.
- ➠ Problèmes gynécologiques pour la femme.

En revanche, nous sommes beaucoup plus ignorants quant à ses effets sur la beauté de notre peau, puisqu'il agit à à la fois à l'extérieur et à l'intérieur :

- ➠ *À l'extérieur :* la fumée du tabac bouche les pores de la peau, l'empêche de respirer normalement et ses goudrons lui donnent une teinte jaunâtre.
- ➠ *À l'intérieur :* la nicotine a pour action de diminuer la circulation sanguine intradermique. Il en résulte une très mauvaise oxygénation et, bien sûr, une alimentation insuffisante des tissus.

La peau se déshydrate, s'épaissit, jaunit, se ride, elle vieillit, et ce d'autant plus vite que le tabac favorise la formation des radicaux libres et bloque l'assimilation de la vitamine C.

d) L'alcool

La consommation régulière d'alcool conduit également au vieillissement prématuré de notre peau. Générateur de radicaux libres, l'alcool assèche la peau et la fripe.

Le teint perd de son éclat et devient terreux.

e) Le manque de repos

Le bien-être du corps passe par un bon équilibre travail/repos. Besoin physiologique, le sommeil long et profond apporte santé et longévité. Il permet à l'organisme de se régénérer en totalité.

Vous pouvez vous contenter de cinq heures de sommeil à condition qu'il soit profond et totalement détendu.

Le manque de sommeil épuise physiquement et psychiquement. Très vite, il génère irritabilité, agressivité, et se répercute sur notre peau qui, rapidement, va perdre son éclat et son charme naturel.

f) Le manque d'exercice physique

Comment voulez-vous que votre corps se régénère, élimine les toxines accumulées, respire amplement sans bouger ? Le manque d'exercice ralentit la circulation sanguine, diminue l'oxygénation des tissus et, de cause à effet, perturbe la nutrition des tissus. L'élimination des déchets métaboliques entraîne l'atrophie musculaire et l'affaissement des tissus, et de la peau en particulier.

Au contraire, dynamiser son corps par de l'exercice favorise la nutrition et l'oxygénation des tissus, raffermit les muscles et tend la peau, mobilise les articulations et assouplit, facilite l'élimination des toxines et embellit. L'exercice physique est un atout beauté irremplaçable qui, tout en sculptant votre corps, donnera à votre peau sa souplesse et sa luminosité.

3. Les facteurs de santé et de beauté

La mise en pratique des facteurs naturels de santé et de bien-être que sont le soleil, l'eau, l'air et la terre (auxquels nous ajouterons la respiration, la relaxation et l'exercice physique) facilitera la désintoxication en profondeur de vos organes, dynamisera et régénérera votre organisme.

Ils vous aideront aussi, grâce à des techniques appropriées, à éliminer le stress et à gérer au mieux les problèmes quotidiens qui perturbent votre équilibre et rejaillissent fatalement sur votre épiderme. La finalité de ces différents facteurs de santé est d'être : « Bien dans son corps et sa tête, belle dans sa peau ».

a) Le soleil

La peau est un véritable capteur d'énergie. Exposé au soleil, notre corps reçoit de nombreuses radiations vitales. L'héliothérapie, ou soin par le soleil, est actuellement monnaie courante. Malheureusement, pratiquée le plus souvent à grand renfort de lampes électriques à quartz ou de soleil à outrance, elle est dangereuse. De très nombreuses études ont permis d'établir une liste des principaux bienfaits exercés par le soleil sur la peau :

➠ Destruction du gaz carbonique et fixation du carbone.
➠ Stimulation du système nerveux sympathique.
➠ Élimination des purines et élaboration de certaines vitamines comme la vitamine D.
➠ Fixation du calcium et de l'iode.
➠ Bonification des systèmes musculaires et osseux.
➠ Régulation du taux de sucre sanguin.
➠ Stimulation des glandes endocrines.
➠ Contribution au métabolisme du fer.

Pour en profiter pleinement, il convient de s'exposer progressivement aux radiations solaires, le corps totalement nu, en évitant les heures les plus chaudes (surtout l'été entre 11 et 16 heures). Commencer par une séance de dix minutes, pour arriver à une durée d'exposition quotidienne de une heure. Tenir compte également de son phototype (voir p. 195).

Dans tous les cas, évitez de garder la tête au soleil. Essayez de l'abriter sous un parasol ou une serviette. Le port du chapeau n'est pas conseillé : il concentre la chaleur.

b) Les bains et affusions

Élément réellement merveilleux, l'eau nous est indispensable – n'oublions pas que nous en sommes constitués à plus de 70 % –, tant comme principal facteur hydratant que pour stimuler nos énergies ; comme nous le rappelle l'hymne de Sindhourvipa :

> *Eaux merveilleuses, vous augmentez notre vigueur, vous la rendez plus forte, plus agréable, plus remarquable...*

En bains ou affusions, l'eau appliquée régulièrement et à bon escient agit à divers niveaux de notre organisme :

➠ *Elle stimule l'élimination :* l'eau froide aide à nettoyer les pores de la peau de ses dépôts graisseux ; elle facilite la fonction éliminatrice de la peau et la transpiration.

➠ *Elle stimule l'équilibre glandulaire :* son action sur le système circulatoire (accélération des échanges et meilleure oxygénation du sang) se répercute sur toutes les fonctions glandulaires. L'apport d'un sang épuré, dynamisé, et donc plus riche en éléments vitaux, stimule et régule les sécrétions hormonales.

➟ *Elle tonifie :* dès les premiers bains ou affusions froides, les échanges organiques vont s'accélérer, l'absorption pulmonaire d'oxygène va augmenter ainsi que le rejet de gaz carbonique. Parallèlement, la production de chaleur est stimulée. Il s'ensuit, par l'action vasomotrice de l'eau froide, une totale renaissance de l'ensemble de nos forces alors en sommeil, une régulation de la chaleur de notre corps, un bien-être corps/esprit jusqu'ici inconnu.
➟ *Elle calme :* son action tonifiante n'a aucune action « énervante », bien au contraire. Le choc produit par l'eau froide au niveau des terminaisons nerveuses de la peau se propage jusqu'aux centres nerveux en diminuant d'intensité. En fin de parcours, le choc a perdu de sa force excitante pour devenir relaxant.
➟ *Elle décongestionne :* en stimulant la circulation sanguine, en favorisant les échanges, l'eau froide évite les stases sanguines notamment au niveau des organes vitaux comme le foie ou la rate.

c) L'air

> *L'air infini est la divinité même, tout vient de l'air, tout y retourne.*
>
> Anaximène (v. 557-v. 480 av. J.-C.).

Tout comme l'eau, l'air nous est indispensable pour entretenir la vie. Il pénètre en nous, soit par la respiration pulmonaire, soit par la respiration cutanée. En ce qui concerne la respiration cutanée, le bain d'air pratiqué de façon régulière a des effets à peu près analogues à ceux du bain d'eau froide, en plus doux.

S'exposer à l'air frais et même froid excite les terminaisons nerveuses qui, de proche en proche, vont véhiculer l'information vers les centres nerveux principaux en passant par le plexus et les ganglions. En se contractant, les capillaires sanguins vont refluer vers la circulation toxines et impuretés à éliminer. Si le bain d'air a l'avantage de pouvoir être pratiqué à tout moment et en tout lieu, le matin au réveil semble être un moment privilégié : le corps bien reposé, encore engourdi par le sommeil et la chaleur de la nuit est exposé nu au saut du lit, la fenêtre grande ouverte, à l'air pur du matin. Rester immobile, puis se frictionner avec la paume des mains, une serviette sèche ou un gant de crin lorsque les premiers frissons apparaissent. Se couvrir ensuite chaudement pour éviter le «coup de froid». Avant l'exposition, le corps doit être bien chaud puis exposé trente secondes à l'air froid avant d'être recouché bien au chaud.

Au début, les bains d'air doivent être courts, puis de plus en plus longs au fur et à mesure que le corps s'endurcit.

d) La terre

Ce quatrième élément a été utilisé par l'homme, depuis des temps immémoriaux, pour ses vertus régénératrices, sous forme d'argile. Dès l'apparition de l'écriture, les tablettes, papyrus et autres parchemins mentionnent l'argile comme facteur thérapeutique couramment employé.

De nombreux savants grecs (Galien, Dioscoride), romains (Pline l'Ancien), orientaux (Avicenne) consignèrent dans les premiers traités de médecine les vertus guérisseuses et ses nombreuses propriétés reminéralisantes, cicatrisantes, antiseptiques et absorbantes aujourd'hui reconnues scientifiquement.

e) La respiration

La respiration (pulmonaire et abdominale) complétée par une bonne respiration cutanée :

- Accélère les échanges et favorise l'élimination des toxines.
- Assure un fonctionnement parfait de tous nos organes (cœur, foie, reins, intestins, et bien sûr poumons).
- Accélère et équilibre les processus métaboliques ; pour une meilleure combustion, votre corps évitera toute surcharge pondérale.
- Apporte bien-être, tonus, énergie et dynamisme.

Chaque jour, et de préférence le matin, après quelques minutes de bain d'air, couvrez-vous chaudement et faites une promenade de trente minutes en respirant à pleins poumons.

Si vous ne pouvez sortir, faites chez vous quelques exercices respiratoires et adoptez le plus souvent possible au cours de la journée une respiration abdominale.

f) La relaxation

Comment lutter efficacement contre toutes les sollicitations pour le moins agressives que subissent nos sens à longueur de journée ?

Les tensions qui en résultent rejaillissent sur notre corps, nos muscles et notre esprit. Nous sommes stressés, hypertendus, c'est-à-dire en perpétuel état de défense vis-à-vis des informations reçues. Le corps se spasme, se ferme, et toutes les tensions accumulées rejaillissent bien obligatoirement sur notre aspect extérieur. Le visage se durcit, se ride, toute beauté disparaît. Aussi est-il indispensable, chaque jour, de faire une ou plusieurs haltes, afin d'obliger le corps et l'esprit à se libérer des chaînes de notre environnement.

La relaxation entraîne un état de détente salutaire. Elle stimule les réactions métaboliques, apporte à la peau douceur et finesse, redonne vie aux cheveux, développe une paix intérieure, source de la véritable beauté.

g) Les exercices physiques

La vie, c'est le mouvement, l'action. Les muscles ont besoin d'être sollicités afin de conserver leur tonicité. Sans bouger, le corps s'atrophie, devient mou, flasque, et ses fonctions s'altèrent.

La gymnastique ne se limite pas bien évidemment à l'obtention de biceps ou de pectoraux ; elle développe tout le système musculaire permettant un maintien correct de l'ensemble de nos organes vitaux, contribue à conserver une bonne souplesse articulaire, favorise la circulation sanguine et facilite l'élimination des déchets, tonifie le cœur, apporte force et résistance.

Il vous faut de la régularité, il n'y a rien à attendre du « de temps en temps ». Pour obtenir de bons résultats, il faut travailler chaque jour pendant dix à quinze minutes. Inutile de prévoir de longues séances, la qualité et la régularité sont préférables. Enfin, pensez toujours à y associer la respiration. Des mouvements exécutés sans une respiration ample ne permettent pas une bonne oxygénation des cellules.

CHAPITRE III

Cosmétologie et analyse comparative des ingrédients classiques et naturels

1. Un peu de cosmétologie

Sans nous lancer dans un cours, je pense intéressant de préciser les bases de la cosmétologie, afin que vous puissiez mieux en cerner le fonctionnement et l'intérêt. Le rôle de la cosmétologie, du grec *kosmein* (parer) et *logos* (traiter), est très clair et se limite aux couches superficielles de l'épiderme :

➠ Entretenir la peau, les cheveux, et les autres parties du corps en les nettoyant et en prévenant leurs détériorations.
➠ Protéger.
➠ Modifier leur aspect (maquillage, teintures…).

Sous ce terme de cosmétologie, il faut distinguer plusieurs catégories de produits :

➠ *Les produits d'hygiène :* comme leur nom l'indique, ils vont s'intéresser à l'hygiène de notre corps : peau, cheveux, dents, muqueuses. Ils ont pour noms savons, shampooings, dentifrices, laits démaquillants, lotions, gommages, masques.
➠ *Les produits de compensation :* produits de beauté à proprement parler, ils doivent protéger la peau et ses phanères et corriger certaines altérations non pathologiques. Entrent dans cette rubrique

toutes les crèmes, les produits solaires, certains masques, les huiles de beauté, les soins capillaires.

➠ *Les produits de parure :* ils modifient l'aspect de la peau, des cheveux et des ongles. Ce sont tous les produits de maquillage, les vernis à ongles, les teintures capillaires.

Tous les produits cosmétiques sont basés sur le même principe (composés d'un ou plusieurs excipients, d'un ou plusieurs principes actifs, d'additifs) et résultent toujours d'un mélange de plusieurs substances très diverses. Selon la nature de ces substances et leurs proportions, ils présenteront des formes différentes. À la liste qui suit, nous pouvons ajouter le lyophilisat, la poudre, le conditionnement pressurisé.

La solution

C'est soit un liquide qui se dissout dans un solide, soit deux liquides ou plus qui se mélangent entre eux (lotions, huiles...).

L'émulsion

Elle permet le mélange entre elles de substances habituellement insolubles, mais cette action est rendue possible grâce à l'intervention d'agents (chimiques ou autres), les émulsionnants, dont dépend la stabilité de l'émulsion. L'une de ces substances sera obligatoirement en dispersion (dispersée en fines gouttelettes) dans une autre, constituant la phase continue. Il en existe plusieurs selon la nature des différentes phases.

➠ *L'émulsion huile dans eau (H/E) :* le corps gras (phase huileuse) est en dispersion dans l'eau (phase aqueuse) et nous trouvons sous cette forme toute la gamme des laits démaquillants et pour le corps, ainsi que de nombreuses crèmes légères pour le visage. Très riche en eau (95 %), cette émulsion s'étale aisément, mais l'eau s'évaporant rapidement, on observe un dessèchement au niveau de la peau avec sensation de tiraillement. À réserver uniquement aux peaux très jeunes et aux laits corporels et démaquillants.

➠ *L'émulsion eau dans huile (E/H) :* là, c'est l'eau (phase aqueuse) qui est dispersée dans l'huile ou un corps gras au choix (phase huileuse). L'exemple type en est le cold-cream. Les crèmes obtenues sont plus épaisses, plus grasses, plus couvrantes, et donc s'étalent un peu moins

facilement que les autres... mais elles ont pour avantage de bien protéger la peau (en évitant l'évaporation de l'eau contenue dans les cellules cornées). En mettre très peu et bien masser.
Quel que soit le type d'émulsion, la réunion des deux phases (eau et huile) – chacune d'elles pouvant être assortie de principes actifs et adjuvants divers –, qui ne se fait pas naturellement, se fera par l'addition d'un (ou plusieurs) émulsionnant(s), ce qui permettra la cohésion de la crème ou du lait.

La pommade

Oubliée de nos jours, elle résultait simplement du mélange de deux ou plusieurs corps gras.

Le gel

Mélange de substances colloïdales et d'un liquide (eau, alcool) ; utilisé pour les masques, les gels.

La pâte

Constituée par un mélange de corps gras et de produits très finement réduits en poudre (pâte dentifrice, masque).

Le code INCI

Tous les ingrédients que peuvent contenir les produits cosmétiques sont référencés par un code international dit code INCI dans lequel les noms des ingrédients sont en anglais (termes scientifiques) et les noms des plantes en latin (termes botaniques).

2. Les composants d'un cosmétique

Même si les cosmétiques présentent des formes différentes, ils répondent tous au même schéma de composition et comportent toujours dans leur formule un ou des excipients, un ou des principes actifs, un ou des additifs. Pour nous y retrouver facilement, nous appellerons produits *classiques* les produits du commerce courant (pharmacies, parfumeries, grandes surfaces…), en opposition avec les produits *naturels,* qui répondent à certains critères de qualité et sont rattachés à un cahier des charges (voir p. 84) (magasins de diététique, de produits naturels, certaines pharmacies et instituts de beauté).

a) Les excipients

Ce sont des substances dont le but est de véhiculer et d'incorporer les principes actifs à l'intérieur de l'épiderme. Ils possèdent parfois certaines propriétés (en particulier quand ils sont issus du règne végétal) et peuvent alors jouer le rôle de substance active.

Les plus utilisés sont bien sûr les huiles végétales, l'eau et l'alcool, mais ils peuvent aussi provenir des règnes animal ou minéral.

Les excipients d'origine végétale

Les huiles végétales : *amande douce, tournesol, olive, sésame, noisette, avocat.*
Les graisses végétales : *beurre de cacao, beurre de karité, lécithine de soja.*

➠ *Produits classiques :* rarement employés dans ces produits en raison de leur prix de revient onéreux. Quand ils le sont, les huiles et les corps gras utilisés sont de piètre qualité, raffinés à chaud, ou à l'aide de solvants et en quantité infime.
➠ *Produits naturels :* c'est le principal support des crèmes et laits de beauté ; les huiles sont vierges, de première pression à froid, en provenance de l'agriculture biologique ou de cueillette sauvage, les beurres de karité, coco, graisse de palme, n'ont pas subi de manipulations agressives. Ils jouent alors le rôle de principes actifs puisque toutes leurs qualités sont préservées (vitamine E, F, acides gras polyinsaturés).

Les excipients d'origine animale

Les huiles animales : *huiles de foie de morue (vit. A et D), de flétan (A et D), de chinchilla (nourrissante), de tortue (extraites des muscles et glandes génitales), de vison (extraite de la graisse de vison, pénétrante, cicatrisante, adoucissante), de tortue (nourrissante, adoucissante), de foie de requin appelé aussi cosbiol ou perhydrosqualène*

(adoucissante, pénétrante). Pour éliminer leur odeur tenace et peu agréable, on a recours à divers procédés dont l'hydrogénation.
Les graisses animales : *la stéarine (extraite des graisses de mouton et de bœuf), l'axonge ou saindoux (graisse de porc, riche en vit. F), la lécithine (dans le cerveau, les graisses animales et le jaune d'œuf).*
Les cires animales : *la lanoline, la cire d'abeille, le spermaceti (de couleur blanche neigeuse, il est obtenu en traitant les corps gras se situant dans les sinus du cachalot), l'un des constituants principal des cold-creams.*

➠ *Produits classiques :* très utilisés, ils proviennent souvent des résidus d'équarrissage comme le suif, la stéarine, le saindoux, après avoir subi maintes manipulations. Certains sont responsables de souffrances pour les animaux (comme l'huile de vison ou de chinchilla), et d'autres sont prélevés sur des espèces en voie de disparition (comme le spermaceti [cachalot] ou l'huile de tortue).
➠ *Produits naturels :* exception faite de la lanoline, la cire d'abeille, la lécithine (jaune d'œuf), elles sont totalement proscrites. Le spermaceti est remplacé par de l'huile de jojoba et l'huile de vison par l'huile de macadamia dont les propriétés sont largement équivalentes. La lanoline serait responsable de réactions allergiques, mais des études montrent que ce serait plutôt les solvants utilisés.

Les excipients d'origine minérale

La vaseline : *hydrocarbure provenant du raffinage des pétroles bruts, elle freine le renouvellement de l'épiderme, est non saponifiable, inodore, inerte, parfois irritante.*
La paraffine : *masse blanche, grasse, cireuse, c'est également un hydrocarbure obtenu par raffinage lors de la distillation du pétrole. Comme la vaseline, elle ne rancit pas, mais ne fournit aucun nutriment à l'épiderme, est occlusive, empêche la résorption de certaines vitamines, est hydrophobe et freine le renouvellement de l'épiderme.*
La glycérine : *liquide incolore, elle est obtenue par saponification des huiles animales et végétales mais aussi synthétiquement; elle ne pénètre pas l'épiderme et bouche les pores de la peau. Glycérine de synthèse ou glycérine végétale : lors de la saponification des huiles végétales se forme, par réaction du glycérol, un agent hydratant et adoucissant très recherché que l'on va ensuite incorporer à des crèmes et laits de beauté. À ne pas confondre avec la glycérine obtenue à partir des huiles animales ou (et) minérales (pétrole) qui est employée dans les produits classiques et dont nous avons déjà cité les différents défauts.*

➠ *Produits classiques :* presque omniprésents dans ces cosmétiques. Ces corps gras ne présentent aucun intérêt, si ce n'est leur prix dérisoire

et leur conservation illimitée. Ce serait plutôt des « anti-beauté » ; de plus ils seraient cancérigènes.
➡ *Produits naturels :* ils en sont totalement exempts !

Les excipients en poudre

Blanc de titane (laits), talc (fond de teint, fards), kaolin, oxyde de zinc (produits solaires, déodorants), carbonate de magnésium, stéarate de zinc...

➡ *Produits classiques :* certains de synthèse sont allergisants et irritants.
➡ *Produits naturels :* les excipients synthétiques sont rejetés ; sont utilisés uniquement les éléments anodins : argile, kaolin.

Les excipients d'origine synthétique

Les silicones : *résines synthétiques utilisées dans déodorants et antitranspirants.*
Les dérivés *de la cellulose, de l'acrylique, le myristate d'isotropyl.*
Les polyglycols : *hydrophiles, onctueux, incolores et inodores, ils tendent à remplacer la lanoline car ils sont imputrescibles.*

Les excipients gels

L'agar-agar : *obtenu à partir des algues, entre dans la composition de gels solaires, de crèmes et de dentifrices (également utilisé dans les produits naturels).*
Les alginates et carraghénates : *extraits des algues, ils sont à la base des gels douche, des crèmes à raser, des dentifrices...*
La gélatine : *élaborée à partir de déchets osseux.*
Les dérivés de la cellulose et de l'acrylique : *issus des industries du papier et du textile.*

➡ *Produits classiques :* la gélatine dont l'extraction se fait à partir des os d'abattoirs et d'un grand nombre de produits extrêmement polluants de même que les autres dérivés de la fabrication de papier et acrylique (extrêmement polluant). Ils possèdent une forte teneur en eau.

L'eau

Sous forme d'eau purifiée ou d'hydrolats (eau distillée de plantes), l'eau est un composant important des laits, lotions et crèmes.

➡ *Produits classiques :* ils contiennent une eau potable, stérilisée, inerte, sans aucun effet.

➠ *Produits naturels :* par contre, le plus souvent l'eau sera remplacée, pour plus d'efficacité, par une eau florale, une infusion ou un hydrolat qui dynamiseront la lotion par leurs propriétés propres.

L'alcool

Peut dessécher la peau et provoquer la desquamation du cuir chevelu ; utilisé fréquemment dans des lotions capillaires et certaines lotions de toilette.

➠ *Produits naturels :* rarement utilisés.

b) Les principes actifs

Difficile de ne pas comprendre leur rôle ; ce sont eux qui donnent sa spécificité au cosmétique et sont responsables de son efficacité.

Les vertus des plantes, fruits, légumes et autres éléments de la nature sont toujours très prisées, mais de plus en plus sous forme d'extraits ou de molécules de synthèse. En effet, de nouveaux éléments mis au point en laboratoires (par culture, fermentation et autres techniques) sortent régulièrement sur le marché.

L'efficacité de ces produits n'est pas évidente à juger : nous ne disposons que de la notice du cosmétique dans lequel il est incorporé, où, bien sûr, ses divers mérites sont vantés ! Où, alors, trouver d'autres informations, d'autant que bien souvent les principes actifs fluctuent selon la mode et passent comme ils sont venus ?

Quand des substances naturelles actives sont utilisées, si elles semblent au premier abord identiques dans les cosmétiques naturels et dans les classiques, rappelez-vous que la différence se situera au niveau de la qualité des ingrédients, de la quantité, des modes d'extraction, de la conservation, des additifs utilisés…

➠ *Produits classiques :* les plantes proviennent de l'agriculture chimique. Elles sont traitées, aspergées de produits chimiques, et leurs principes actifs sont extraits chimiquement par solvant (le propylène-glycol en particulier, dérivé du pétrole, qui provoque des réactions toxiques et allergiques). Les huiles essentielles sont diluées en quantité minime et, le plus souvent, comme les vitamines et minéraux, elles sont synthétiques. En revanche, le collagène, l'élastine et les extraits embryonnaires en provenance du règne animal ont la cote, mais sont totalement

PRINCIPES ACTIFS ENTRANT DANS LA COMPOSITION DES COSMÉTIQUES	
Acide hyaluronique	Entre dans la composition de la matrice intercellulaire du derme et contribue à son hydratation; très à la mode, extrait auparavant des crêtes de coq, on l'obtient maintenant par fermentation microbienne. Il est naturellement abondant dans le derme.
Alun	Astringent.
Argile	Se reporter page 113.
Collagène(*)	Provient d'extraits bovins, ovins ou végétaux.
Élastine(*)	Maintient l'élasticité cutanée.
Extraits de tissu conjonctif	*Biostimulines :* découvertes récemment, elles sont produites par des tissus animaux ou végétaux mis en souffrance, c'est-à-dire placés sous l'action du froid, des rayons, etc. et qui, pour survivre, sécrètent des substances spécifiques (biostimulines) : puissants régénérateurs cellulaires. *Hydrolysats de protéines. Occlusifs :* propriétés antidéshydratantes. *Humectants* (sorbitol, lanoline, myristate d'isotropyle). *Liquide amniotique* en provenance des bovidés. *Acides nucléiques* (ARN et ADN). *Mucines embryonnaires. Plancton animal. ATP* (triphosphate d'adénosine disodique); il est présent dans le noyau de la cellule, relance l'activité cellulaire et participe à la biosynthèse du collagène.
Extraits embryonnaires	Obtenus à partir d'embryons de poulet ou de bovidés.
Extraits placentaires humains lyophilisés	Riches en vitamines, acides aminés, glucides, enzymes.
Mucopolysaccharides	Contribuent à la formation du gel conjonctif.
NMF	Facteurs d'hydratation naturelle.
Oligoéléments synthétiques(**)	Silicium, magnésium…
Oxyde de zinc	Astringent.
Plantes, fruits, légumes	Huiles essentielles, extraits de synthèse ou forme naturelle.
Sulfate de zinc	Antiseptique et cicatrisant.
Vitamines synthétiques(**)	A, B, C, E, F, H pour les principales.

* Ces deux éléments sont des protéines, constituants principaux du tissu conjonctif; on emploie du collagène bovin qui est similaire au collagène humain pour la réhydratation et la stimulation du revêtement cutané; les molécules jusqu'alors très grosses ne pouvaient passer la barrière cutanée; désormais elles sont fractionnées et donc plus efficaces.
** Pour ces deux produits, des études poussées ont démontré l'action moindre des vitamines et minéraux de synthèse par rapport aux naturels.

L'ADN

Compenser la déficience de notre organisme par un apport extérieur d'ADN peut apparaître comme une solution logique à cette carence. Nos biologistes et cosméticiens de tous poils ne s'en privent d'ailleurs pas. De nombreux produits de beauté en renferment et des injections sous-cutanées sont très souvent pratiquées. La plupart des dermatologues s'accordent à reconnaître que les crèmes qui contiennent de l'ADN possèdent des effets lissants et hydratants, mais ils confessent bien volontiers que son action antirides tant vantée ne peut être que fictive, puisque l'ADN ne pénètre pas dans le derme !

Le seul reproche que l'on puisse actuellement leur faire concerne le manque de recul vis-à-vis de cette découverte. L'ADN ajouté aux produits de beauté est-il réellement actif et, dans l'affirmative, pour combien de temps ? Est-il tout à fait atoxique ? Si vous désirez des produits de beauté à l'ADN, nous vous conseillons plutôt l'ADN végétal : par rapport à l'ADN animal, il est non allergisant.

inefficaces et ne pénètrent absolument pas l'épiderme. L'argile est irradiée, le miel chauffé...

➠ *Produits naturels :* principalement des plantes ou extraits de fruits et légumes, huiles essentielles sous leur forme naturelle, n'ayant bien sûr pas subi de traitements chimiques : les huiles essentielles sont extraites par distillation à la vapeur, les plantes sont séchées en respectant leur intégrité et les extraits sont fabriqués à partir de plantes fraîches sur le lieu de la cueillette. Les produits obtenus peuvent fluctuer en fonction de la saison, des plantes et du pays d'origine. Seront principalement utilisés également de l'argile de qualité, du miel non chauffé, du collagène végétal, de la levure de bière, certaines vitamines antioxydantes (A, C, E) et des minéraux de provenance naturelle.

Nous ne pouvons malheureusement analyser en détail chacun des ingrédients contenus dans les cosmétiques, par manque de place et peut-être aussi parce que, à la longue, cela serait fastidieux, mais aussi par manque de renseignements au sujet de certains éléments. Je pense néanmoins que les quelques exemples donnés seront suffisamment suggestifs pour que nous nous montrions vigilants lors de l'achat de nos produits de beauté.

c) Les adjuvants

Comme pour les précédents, leur liste s'est allongée considérablement ces dernières années avec l'avènement de la chimie. Ajoutés en faible proportion au produit cosmétique, ils servent à :

- Le colorer (colorant).
- Le parfumer (parfum).
- Le conserver (conservateur).
- Le faire mousser (tensioactif).
- Éviter l'oxydation (antioxydant).
- Mélanger deux produits (émulsifiant)…

On distingue les adjuvants à proprement parler, et ceux dits commerciaux, dont le rôle est de rendre le produit agréable à la clientèle (colorants, parfums, texture).

Autrefois à base de substances naturelles, ils tendent peu à peu à être remplacés par des produits de synthèse pas toujours anodins et comportant des risques allergènes. Pourquoi ne pas nous en passer purement et simplement ? Tout au moins pour certains qui ne sont pas indispensables, les parfums et les colorants, par exemple.

d) Les conservateurs

Le plus souvent de synthèse, ils peuvent parfois être d'origine naturelle ; ils sont responsables, comme leur nom l'indique, de la conservation du cosmétique.

CONSERVATEURS ENTRANT DANS LA COMPOSITION DES COSMÉTIQUES	
Antioxydants	Empêchent et retardent le rancissement : acide ascorbique, tocophérol, acide sorbique, BHA (E320), BHT (E321) NDGA.
Bactéricides	Empêchent la prolifération bactérienne ; ce sont les acides salicylique, benzoïque, éthylique, et certaines huiles essentielles de synthèse.
Fongicides	Empêchent la prolifération des moisissures : acides déhydroacétique et undécylémique.
Formol	Astringent.
Phénoxyéthanol	Issu du goudron, il est irritant et sensibilisant.

➠ *Produits classiques :* n'hésitent pas à employer moult conservateurs synthétiques, bien entendu souvent irritants et allergisants (formol, toute la famille des « parabens », méthyléthyl). L'acide benzoïque se révèle toxique, responsable d'irritations et sensibilisant; de même que le phénoxyéthanol, dérivé du goudron. Le NGDA présente des risques d'altérations des reins et du foie. Quant à l'acide salicylique, il ne doit pas être employé pour les soins d'enfants au-dessous de 3 ans[1] (il est vrai qu'au-dessus de 3 ans, on a la peau plus dure !).
➠ *Produits naturels :* uniquement des conservateurs naturels (sauf indication particulière) : huiles essentielles, extrait de pépins de pamplemousse antioxydant (DF-100, proanthocyanidines, vitamines C, E, propolis). Prendre l'habitude de conserver ses produits au frais.

e) Les colorants

Surtout employés pour l'élaboration de produits de maquillage, mais on les retrouve aussi dans les produits de soin et d'hygiène.

➠ *Produits classiques :* ils sont très nombreux et presque toujours synthétiques; même lorsqu'ils sont naturels, les méthodes d'obtention sont agressives. Certains peuvent se révéler extrêmement nocifs comme :
– L'amarante (E123) ou sel trisodique de l'acide sulfonaphtylazo-naphtoldisulfonique : serait cancérigène et dangereux sur le plan de la génétique; il provoque en effet des malformations chez l'embryon, parfois même la mort[2].
– L'érythrosine (E127) : provoque chez le chien vomissements et albuminurie et, chez les souris, détruit les globules rouges et peut même engendrer des paralysies abdominales[2].
➠ *Produits naturels :* seuls les colorants d'origine naturelle sont utilisés. Le rocou, le curcuma, le safran, le henné, la racine de garance, la chlorophylle, le carthame, l'indigotine, le charbon végétal pour les végétaux, l'acide carminique, la nacre pour les animaux et pour les minéraux l'argile, les ocres, le kaolin, les oxydes de fer.

1. Comme stipulé dans le *Journal officiel* du 23 février 2001.
2. Roig : *Dictionnaire des polluants alimentaires* (CEVIC).

f) Les humectants

Ils retardent le dessèchement des cosmétiques :
- Le glycérol (dérivé du pétrole, réactions toxiques et allergiques).
- Le propylène glycol.
- L'éthylène glycol.
- Le sorbitol.

g) Les stabilisants

Ils augmentent la viscosité, la stabilité et l'hydratation d'une émulsion. On trouve :
- Les gommes adragante et arabique.
- Les alginates.
- Les dérivés de la cellulose.
- La gélatine.
- La silice.
- La bentonite.

h) Les tensioactifs

Substances naturelles ou synthétiques, ils possèdent dans leurs molécules une partie soluble dans l'eau et une autre soluble dans l'huile. On les utilise pour leurs propriétés moussantes, détergentes, émulsionnantes, dans les shampooings, dentifrices, savons, crèmes à raser, laits démaquillants, etc., selon qu'ils sont anioniques, cationiques, amphotères ou non ioniques. On trouve :
- Les savons de sodium et de potassium.
- Les détergents chimiques.
- Les alkyls-sulfates et les alkyls-sulfonnates.
- Les sels d'ammonium.
- Les bétaïnes.
- Les stérols.
- Les esters d'acides gras.

- *Produits classiques :* très utilisés en raison de leur facilité d'emploi, de leur prix dérisoire, d'une excellente conservation et d'une bonne stabilité. Les plus utilisés sont :

– Les SLS comme le sodium-laureth-sulfate ou le sodium-lauryl-sulfate agressifs pour les muqueuses, responsables d'irritations cutanées, et allergiques au niveau de la peau, des yeux et des muqueuses.
– Les polyéthylenglycols, plus communément connus sous le nom de PEG, dont l'obtention se fait à partir de gaz et de manipulations extrêmement dangereux.
– Les monoéthanolamine, diéthanolamine et triéthanolamine (MEA, DEA et TEA) qui peuvent déclencher, une fois appliqués, l'apparition de nitrosamines (cancérigènes).
➠ *Produits naturels :* le laurylsulfate et le disodium-laureth-sulfate tirés eux de l'huile de coco ou de palme, la bétaïne (composant du beurre de coco) sont les principaux tensioactifs utilisés. Ils sont très doux pour la peau.

i) Les émulsifiants

Ils réunissent deux substances insolubles entre elles, leur donnent une texture veloutée et les transforment en émulsions (laits, crèmes).

➠ *Produits classiques :* toujours synthétiques, la plupart, comme le carbomer (dérivé du pétrole) ou les PEG, extrêmement polluants.
➠ *Produits naturels :* principalement tirés de l'huile de palme ou de coco comme le glyceryl-stearate, l'acide palmitique, l'alcool cétylique, le palmitate, on trouve aussi la cire d'abeille, la lécithine de soja, le stéaroyl-lactilate (issu du lait et d'huiles végétales), les acides gras de l'huile de ricin, les esters de sucres...

j) Les filtres solaires

Ils sont là pour protéger notre peau des rayons solaires UV A et UV B.

➠ *Produits classiques :* les principaux sont des filtres chimiques obtenus à partir du PABA, padimate-O, octyl-diméthyl-PABA, benzophenone-3 pouvant provoquer allergies et irritations. De plus, certaines études tendraient à montrer qu'une formation excessive de radicaux libres au niveau de la peau découlerait de leur utilisation.
➠ *Produits naturels :* des huiles végétales protectrices sont utilisées, mais ce n'est pas suffisant ; aussi leur incorpore-t-on des oxydes de titane et

de zinc (sels minéraux dénués de toxicité et d'effets secondaires) sous forme de particules microscopiques très fines pour une efficacité maximale. Parfois aussi du para-amino-benzoïque acide ou PABA, mais à l'état naturel totalement différent du PABA synthétique employé dans les produits classiques. Pour tous les composants des produits naturels, on peut dire que seront exclus tous les éléments synthétiques et ceux qui, lors de leur fabrication, ont nécessité l'emploi de solvants ou autres produits toxiques ou polluants pour l'environnement.

3. Les principales différences

Si la recette de base est la même et conçue sur le même modèle, (excipients, principes actifs, additifs), les différences sont énormes et se situent évidemment d'abord au niveau des ingrédients eux-mêmes.

De nombreux composants identiques peuvent être intégrés dans les cosmétiques naturels ou classiques ; ce sont les ingrédients de base connus depuis des siècles : huiles végétales, extraits de légumes et de fruits, plantes, huiles essentielles, argile, miel, cire d'abeille, beurre de karité... mais dans les produits classiques ils sont remplacés de plus en plus souvent par des produits de synthèse plus stables, plus faciles à travailler et surtout de qualité constante. La matière vivante, comme son nom l'indique est vivante. De ce fait, elle est sujette à des variations (fleurs plus ou moins parfumées, fruits plus ou moins riches en eau...), ce qui, bien entendu, ne risque pas d'arriver avec un produit de synthèse toujours rigoureusement identique.

a) Le concept de qualité

➡ *Produits classiques :* c'est la rentabilité qui est prise en compte. Aussi les ingrédients sont de bien piètre qualité, huiles essentielles diluées ou recréées synthétiquement, huiles végétales raffinées, chauffées outrageusement ou extraites par solvant (toxique !), argile irradiée, plantes passées aux rayons ionisants... avant de subir moult manipulations au moyen de produits chimiques nocifs et pour l'environnement et pour nous-mêmes.

➡ *Produits naturels :* c'est la qualité qui prime (qualité des huiles essentielles, des huiles végétales, des plantes et des différents éléments utilisés, certifiés bien souvent soit par l'adhésion à une charte de qualité, soit par écrit sur la notice explicative jointe). Les huiles essentielles sont 100 % pures et naturelles, biochimiquement définies, les huiles végétales de première pression à froid, les plantes n'ont pas subi de traitements. Tous ces composants sont utilisés dans leur intégrité, sans avoir eu recours à des transformations agressives à l'aide de produits polluants et toxiques.

b) La quantité de principes actifs

➠ *Produits classiques :* la pénétration des principes actifs va être freinée complètement car les excipients utilisés pour les véhiculer, comme la paraffine, ne peuvent pénétrer l'épiderme. Donc, malgré les affirmations des laboratoires qui nous parlent d'action au centre des cellules à l'intérieur des couches profondes, l'action en question se bornera à une légère tension des tissus de l'épiderme et à une protection contre l'extérieur.

➠ *Produits naturels :* un produit de beauté naturel est toujours riche en substances actives :

– Les excipients utilisés sont eux-mêmes riches en éléments actifs, bourrés de vitamines et de sels minéraux. Ils ont un effet bénéfique sur la peau, au contraire des excipients « classiques », tels que paraffine, vaseline ou glycérine, qui sont dépourvus de tout élément actif. La paraffine, on l'a vu, empêche la résorption de certaines vitamines ; cette huile composée d'hydrocarbures saturés obtenus par distillation du pétrole ne fournit à la peau aucun minéral, aucune vitamine, rien. Il en est de même pour la vaseline qui, en plus, freinerait le renouvellement de l'épiderme. Quant à la glycérine, elle est asphyxiante et bouche les pores de la peau.

– L'eau, un autre excipient, est la plupart du temps remplacée par un distillat de plantes dans les produits naturels et donc là aussi actif.

– Les huiles essentielles, elles, sont en quantité importante (jusqu'à 5 %) et peuvent aussi assurer la conservation ; l'emploi de conservateurs s'avère donc inutile.

– Les autres substances actives, telles que l'argile ou le miel, peuvent aller jusqu'à 20 % du produit, ce qui est rarissime, voire introuvable dans le cas de produits classiques.

Il n'est pas rare, en effet, de compter jusqu'à 35 % de principes actifs, quand ce n'est pas 100 % pour les macérations d'huiles aux huiles essentielles, dans un produit de beauté naturel alors que dans un produit classique, la quantité sera toujours infime : une quantité de 0,2 % de principes actifs est tout à fait courante.

c) L'absence d'additifs

Absence (ou presque) chez les uns, accumulation dans les autres :

➠ *Conservateurs :* nous venons de le voir, les huiles essentielles en font office, ou encore la vitamine E (ou tocophérol) ou l'extrait de pamplemousse. Une autre méthode de conservation intelligente est employée par de petits laboratoires : tout simplement l'ampoule contenant juste le produit nécessaire à une ou deux applications ; la conservation est quasi illimitée.

➠ *Colorants :* ils ne servent à rien sinon à attirer l'œil ! Dans les maquillages, ils seront naturels.

➠ *Parfums :* là encore, chez les uns les huiles essentielles suffisent largement à nous embaumer ; chez les autres, en revanche, il faut masquer le peu d'odeur (ou plus souvent la mauvaise odeur) des autres substances employées et, évidemment, un parfum est indispensable !

➠ *Autres additifs :* ceux qui font la mousse, améliorent la texture, etc., ne présentent aucun intérêt pour notre peau ou nos cheveux.

Une étude allemande aurait mis en évidence que les molécules des émulsifiants de synthèse ne sont pas détruites dès qu'elles traversent la barrière cutanée et même pourraient être responsables de l'augmentation du taux de cholestérol. De plus, majorité de ces additifs de synthèse dérivés de la pétrochimie se révèlent allergisants et sensibilisants. Dans les produits naturels, les additifs de synthèse sont rejetés ; seuls certains additifs naturels sont utilisés.

Le but de cet ouvrage n'est pas de faire un procès aux dirigeants de l'industrie cosmétique, ce serait pure perte d'ailleurs, mais de vous montrer qu'il n'est point besoin de tant de sophistication et de chimie pour faire un lait ou une lotion de qualité ; il souhaite aussi vous aider à discerner, parmi tous les arguments développés habilement par ces messieurs du cosmétique, ceux qui relèvent de la réalité et ceux qui sont uniquement publicitaires.

Pourquoi avons-nous besoin de tant de produits compliqués qui demandent de multiples manipulations, la transformation d'une quantité phénoménale de diverses substances pour, en fin de compte, un résultat moindre ou équivalent. Que d'énergie gaspillée pour des résultats somme toute pas vraiment extraordinaires et rarement en accord avec les affirmations prometteuses des affiches publicitaires.

À l'aide des quelques conseils et enseignements donnés dans ce livre, regardez autrement vos produits de beauté habituels et devenez plus exigeant sur la qualité. Ne laissez pas des hommes d'affaires vous imposer leur façon de voir (surtout de vendre !) la beauté. Ce sont votre peau, votre visage, vos cheveux qui sont en jeu.

Défendez-les !

4. Les produits de beauté pénètrent-ils réellement la peau ?

La peau est une barrière et l'un de ses rôles est de se protéger de l'intrusion d'agents extérieurs. La couche cornée est la première protection, renforcée par les couches profondes suivantes. Rares sont donc les produits qui peuvent passer ces frontières bien gardées, en dehors des huiles essentielles qui, elles, traversent effectivement toutes les couches de la peau et arrivent dans la circulation sanguine et lymphatique. Il suffit d'une analyse de sang ou d'urine quelque temps après leur application pour s'en rendre compte.

Avec les huiles essentielles, on a une certitude, et l'on peut réellement parler d'action, de nutrition, de régénération, de stimulation, de dynamisation des tissus et d'action en profondeur ; les huiles essentielles permettent ainsi une véritable prévention, mais ce sont pratiquement les seules exceptions avec certaines vitamines contenues dans les huiles végétales : vitamines A, E et B6. La vitamine E serait même capable de réduire à néant les fameux radicaux libres, qui nous font vieillir en accéléré...

Une raison de plus pour utiliser les huiles essentielles et végétales : nombre d'ingrédients des cosmétiques sont constitués de molécules bien trop grosses pour pouvoir traverser la barrière épidermique. Sans doute, certains éléments pourraient tout de même passer à travers les follicules pileux, mais à condition, toutefois, que ceux-ci ne soient pas obturés par un petit bouchon de sébum et que les molécules en question soient infiniment petites.

Pour nous résumer, nous pourrions dire que :

➠ La peau est imperméable à l'eau et aux substances qui se diluent dans l'eau. De cela nous pouvons déduire deux principes : la peau doit être hydratée de l'intérieur, hydratation renforcée éventuellement par l'emploi de crèmes ou d'huiles maintenant cette hydratation ; les lotions, infusions, bains, produits aqueux appliqués sur la peau auront principalement un effet sur la couche cornée de l'épiderme.

➠ Les produits de maquillage (fards, pastels, poudres) ainsi que les filtres protecteurs restent à la surface de la peau.

➠ Les huiles essentielles pénètrent profondément dans la peau et traversent rapidement les différentes couches pour rejoindre le flux sanguin. Il y a donc double action : locale et générale, en superficie et en profondeur, sur tout l'organisme.

➠ La peau laisse passer les huiles végétales et certains de leurs éléments, d'où l'intérêt évident des produits constitués d'huiles essentielles et d'huiles végétales.

➠ Certains gaz (oxygène, azote, oxyde de carbone, vapeurs acides) et des produits nocifs (cyanure, iode, sels de mercure) peuvent traverser la peau (nocivité de la pollution, des fumées sur notre organisme).

➠ Les UV, infrarouges et rayons X pénètrent également la peau profondément, la perturbent et la déséquilibrent.

➠ Le massage facilite le passage de tous les produits (surtout s'il dure longtemps).

➠ Certains produits (paraffine, vaseline) bouchent les pores de la peau et empêchent toute pénétration.

➠ La majorité des autres composants des cosmétiques de par leur taille (molécules trop grosses) ne peuvent franchir la barrière cutanée et restent en surface : ils ont donc essentiellement une action locale sur l'épiderme (effet tenseur, rafraîchissante…).

CHAPITRE IV

Apprenons à lire les étiquettes

1. Les cosmétiques : un marché juteux

Nos achats de produits cosmétiques augmentent régulièrement. Avant de s'engager plus avant dans les différences entre produits naturels et produits classiques, nous aimerions vous livrer quelques considérations spécifiques au marché de la beauté.

Comme nous l'avons déjà indiqué, le marché de la beauté se porte bien. Soutenu par une publicité omniprésente, alléchante, attirante et prometteuse de jeunesse et autres bienfaits, l'industrie du cosmétique attire dans ses filets indifféremment femmes et hommes, toutes classes sociales confondues. Seuls changent les marques et les budgets ! Et encore, ne voit-on pas des femmes aux moyens financiers plus que minimes économiser sur la nourriture quotidienne ou autre chose pour pouvoir entrer dans une boutique prestigieuse, et s'acheter un cosmétique fort onéreux. Pourtant, une enquête récente démontre que le prix n'est absolument pas garant de qualité.

Depuis l'essor effréné de l'industrie pétrochimique et l'avènement de la chimie, nous assistons à la mise sur le marché d'une profusion de nouveaux composants tout droit sortis des cerveaux inventifs de nos apprentis sorciers modernes :

- Molécules recréées en laboratoire.
- Culture d'enzymes et de bactéries.
- Substances végétales ou animales reconstituées en éprouvette.

➟ Produits de synthèse (conservateurs, colorants, antioxydants, parfums…).
➟ Extraits placentaires, embryonnaires…

De jeunes chimistes aux dents longues s'en donnent à cœur joie avec le liposome ou l'acide désoxyribonucléique (une parenthèse verte : tous ces produits chimiques sont bien entendu à l'origine d'une industrie extrêmement polluante et donc nocive pour l'environnement !) car, pour bien vendre, l'emploi d'une terminologie particulière est de rigueur : un langage pseudo-scientifique, incompréhensible de préférence, s'impose. Moins le futur consommateur comprend, plus il pense être devant des arguments très sophistiqués, à la limite de la pharmacie, et donc le produit concerné ne peut être qu'efficient. Exploitant cette opportunité, les différentes marques vont appuyer leur campagne publicitaire, pour lancer telle nouvelle ligne de soins, sur un ingrédient fraîchement issu de leurs alambics, dont les propriétés sont encore inégalées, jusqu'au jour (prochain) où un autre le détrônera. Mais, pendant quelques mois, le simple fait de prononcer son nom sera synonyme de beauté, de jeunesse et, surtout, nous fera rêver ; d'autant qu'il sera inabordable (au niveau prix, j'entends) et que l'emballage sera flatteur ou prestigieux.

Du liposome aux piégeurs de radicaux libres, en passant par l'ADN végétal, les cellules fraîches, le collagène actif (tiens, il y en a un qui ne le serait pas !), le rétinol, les phospholipides, l'ATP ou le TPA, le NMF (ou facteurs d'humidification naturelle), les extraits tissulaires, embryonnaires, etc., tous ont été un jour portés au pinacle ! Regardez bien les étiquettes. Ce produit hautement merveilleux aux propriétés jamais égalées, tellement efficace qu'on l'affuble du terme de biactif, puis on renchérit avec du triactif, pour arriver enfin au multi-actif et superactif, en quelle quantité est-il contenu dans cette crème extraordinaire ? 0,1 %, 2 % ou 3 % au mieux…

Et le reste me direz-vous ? Un zeste de colorant, deux gouttes de parfum, une pincée de conservateur, une miette d'antioxydant, beaucoup d'excipient (eau, détergent, graisse ou huile) et le tour est joué. Ajoutons à cela un flaconnage agréable posé à l'intérieur d'un emballage tour à tour précieux, élégant, original ou plutôt « écolo », selon les consommateurs ciblés, une publicité attrayante appuyée par un jargon hermétique à la limite de la vérité (fait repousser les cheveux, efface les rides, agit en profondeur), assortie d'une imagerie haut de gamme propre à nous faire rêver et à croire l'impossible. Le prix lui aussi a été étudié et fixé soigneusement : il a en effet un impact important sur le consommateur qui le relie instantanément à la notion de qualité et d'efficacité. Il se doit donc d'être suffisamment élevé et inaccessible pour sous-entendre que c'est un produit haut de gamme aux résultats inespérés. Toujours disproportionné par rapport aux composants, il est aussi sans aucune commune mesure avec sa supposée « action » sur la peau. Des dermatologues ont reconnu lors d'émissions télévisées récentes qu'il n'y avait pas de relation directe entre le prix et l'efficacité.

On pourrait croire que, échaudé par une ou deux supercheries de ce genre, on renoncerait à ce type de cosmétique, mais non ! Il semblerait qu'on s'y laisse prendre encore et encore et régulièrement pendant des années, et ce malgré l'absence totale des résultats annoncés par l'étiquette. Aussi à la question : « Quand ces messieurs du cosmétique arrêteront-ils de nous traiter en retardés mentaux ? », la réponse est facile à deviner : « Quand nous arrêterons de nous comporter comme tels ! ».

Apprenons à lire les étiquettes, et quand nous y apercevons des ingrédients synthétiques, des principes actifs inexistants – comme c'est bien souvent le cas –, reposons le produit sans aucun regret.

2. Décryptons les formules de nos produits

Il n'est pas si facile de différencier les cosmétiques classiques des cosmétiques naturels, car nous avons vu que tous les ingrédients des produits cosmétiques étaient désignés soit en anglais, soit en latin : difficile donc d'y voir clair ! En effet, comment savoir, pour un profane, que le sodium-lauryl-sulfate est un détergent agressif et synthétique, alors que le lauryl-sulfate est naturel et obtenu à partir d'huile de coco ?

Le moyen le plus sûr est de choisir un produit répondant à une charte de qualité, ou encore de fabriquer soi-même ses cosmétiques.

Examinons ensemble quelques étiquettes !

a) Les shampooings

Le rôle d'un shampooing est simple : il doit nettoyer en douceur le cuir chevelu (tout en préservant son pH) et les cheveux, et doit respecter sa nature (sec, gras...).

COMPOSITION D'UN SHAMPOOING CLASSIQUE	
Excipient	Eau.
Détergent	Principe actif du shampooing, il lave les cheveux. Il en existe plusieurs sortes d'origine minérale : les alkylarylsulfates, d'origine végétale (panama, saponaire...) ou obtenus par traitement des graisses végétales. Leurs propriétés diffèrent légèrement selon que ce sont des tensioactifs cationiques (moussent peu, nettoyants médiocres), anioniques (très détergents, très moussants, très agressifs pour le cuir chevelu, les moins chers et les plus fréquemment employés sodium-lauryl-sulfate et sodium-laureth-sulfate, triéthanolamine, lauryléthersulfate), amphotères (moins agressifs que les deux précédents : imidozoline, bétaïne, lipoaminoacide) et les non-ioniques (moussent peu, irritants pour les yeux : polysorbates, éthers de glycol).
Surgraissant	Substance grasse dont le rôle est de compenser les pertes de sébum dues à la trop grande agressivité du shampooing (lécithine, huile de ricin, dérivés de lanoline).
Adoucissant	Fait briller les cheveux.
Stabilisateur de mousse	Favorise le développement de la mousse sur un temps donné (diéthenolamine de coprah).
Adoucisseur de mousse	Rend la mousse douce et onctueuse.
Épaississant	Augmente la viscosité du shampooing pour le rendre plus épais (dérivés de cellulose, chlorure de sodium, polysorbates).
Humectant	Permet au shampooing de garder sa texture en évitant à l'eau de s'évaporer.
Antioxydant	Pour conserver le produit.
Bactéricide	Pour conserver le produit.
Agent nacrant	Donne l'illusion de la nacre.
Agent séquestrant	Compense les inconvénients des eaux dures.
Colorant	Rend le produit plus attractif.
Parfum	Pour donner une bonne odeur.
Produit traitant	Il était temps ! Il donnera au shampooing sa spécificité (cheveux gras, antipelliculaire...).

Étonnant le nombre d'additifs de ce produit ! Inutiles pour la plupart. Voici une formule prise au hasard d'un shampooing courant :

Water – Nasturium *extract – Sodium laureth sulfate – Cocamidopropyl – Hydrosulfate – Corneflower water – Orange flower water – Cocaminde mip – Tea abriethoyl hydrolyzed animal – Protein – Fragrance – Sodium – Nonoxynol 12 – Imidazolidiny urea – Tetrasodium EDTA – Methylchloroisothiazolinone – Methylisothiazolinone – FD & C Blue n° 1 – FD & C Yellow n° 5. D & C Orange n° 4 – Tétrasodium EDTA : séquestrant anticalcaire, synthétique bien sûr.*

COMPOSITION D'UN SHAMPOOING NATUREL	
Détergent doux	Sur base de coprah ou autres huiles végétales.
Produit traitant	Huiles essentielles, extraits de plantes, argile, miel.
Huile végétale	Ou encore beurre de karité.
Excipient	Eau de source.

Et c'est tout ! On est loin des formules sophistiquées précédentes. Ici l'huile végétale sert tout à la fois d'adoucissant et de produit actif de par ses propriétés. Principes actifs également, les huiles essentielles et différents extraits végétaux ou minéraux (argile). Le surgraissant devient inutile puisque le détergent choisi est très doux, non agressif, de même que le parfum, avantageusement remplacé par les huiles essentielles dont le but principal est de rééquilibrer le cuir chevelu et de le tonifier mais qui, automatiquement, nous font bénéficier de leur odeur.

Les colorants, agents nacrant, épaississants et autres stabilisateurs de mousse n'ayant aucun intérêt, ils sont purement et simplement supprimés. Ce n'est pas la mousse qui fait la qualité nettoyante d'un produit, pas plus que le colorant ! Quant aux conservateurs, les huiles essentielles en sont d'excellents à condition d'y figurer en quantité suffisante.

b) Les teintures et décolorations

Pratiquées couramment de nos jours, ces manipulations ne contribuent pas à la beauté, pas plus qu'à la santé du cheveu. Les décolorants utilisés (eau oxygénée, ammoniaque, persulfates, peroxydes), de même que les colorants d'oxydation (colorations, permanentes) élaborés soit à partir de produits chimiques dérivés du pétrole, soit avec des dérivés nitrés (diamino-benzène), soit des dérivés mono-mitres (phénols), soit des colorants métalliques, ont tous des inconvénients et contiennent des produits tels que goudrons, acétate de plomb, acide sulfurique… ; les premiers modifient chimiquement la mélanine en la faisant disparaître, les autres diluent les pigments du cheveu et lui substituent un nouveau colorant au cœur même du cheveu. Il s'ensuit que :

➠ La structure du cheveu et de la kératine est altérée.
➠ Le cheveu devient poreux et absorbe plus facilement l'humidité, devient terne, rêche, difficile à démêler, cassant.
➠ Il y a risque d'hypersécrétion sébacée ou de déshydratation.
➠ Le cuir chevelu est sensibilisé avec souvent formation de pellicules.
➠ Il y a risque d'allergie.

N'oublions pas que ces nombreuses substances nocives, telles que goudron, acide sulfurique, acétate de plomb, sont absorbées à travers le cuir chevelu et passent à l'intérieur de l'organisme. Que deviennent-elles ? Quelle est leur action ? N'attendons pas de le savoir pour les éviter ! Signalons toutefois qu'il existe des shampooings colorants qui colorent uniquement les cheveux en surface et s'éliminent avec les shampooings successifs. Ils sont moins agressifs pour les cheveux, mais vérifiez tout de même leur composition (lorsqu'elle figure sur l'emballage). À ne pas utiliser régulièrement !

c) Les savons

Savons liquides, savons gels, savons en bloc, les savons revêtent toutes les formes, prennent les couleurs et les parfums les plus divers, et sans nul souci de leur composition, de leur qualité et de leur pH, trois critères pourtant primordiaux dans le choix d'un savon dont le véritable but est l'hygiène parfaite de notre peau grâce à un nettoyage en douceur et non un décapage vigoureux et nocif.

Une formule de savon classique :

Sodium Tallowate – Sodium cocoate – Glycérine – Parfum – Huile de paraffine – Sodium Thiosulfate – Alcool de lanoline – Synthetic beeswax – Octyldodecanol – Quaternium – 18 Hectorite – Sodium Chloride – Tétrasodium EDTA – Sodium Etidronate – BHT – Eucerit 0,06 % (agent hydratant).

COMPOSITION D'UN SAVON CLASSIQUE	
Corps gras (origine animale ou végétale [plus rarement]). **Alcali** (ammoniaque, soude). **Glycérine de synthèse.** **Oxyde de titane** (blanchit le savon). **Phosphates.** **NTA blanchissants.** **Antioxydant.** **EDTA** (séquestrant anticalcaire).	**Comperlant** (permet une mousse abondante). **Conservateurs de synthèse.** **Colorants de synthèse.** **Parfums de synthèse.** **Adjuvants divers de plus ou moins bonne qualité** (lait, huiles, miel, argile). **pH : 9 à 10.**
Durée de fabrication : 5 heures.	

Une formule d'un savon naturel :

*Huiles végétales pures (huiles d'olive et de palme) – Hydrocotyle – Extrait d'*Usnea barbata *– Huile essentielle de lavandin.*

Des différences évidentes sautent aux yeux, et d'abord l'emploi dans les savons classiques de corps gras d'origine animale plutôt que végétale. La raison en est simple, le coût ! Une huile de coprah (ou à plus forte raison d'olive) est plus chère que les résidus d'équarrissage, le suif, les huiles de poisson, les huiles de friture de récupération, les matières pétrolières. L'utilisation d'ammoniaque, même raison, la soude est plus chère.

La glycérine de synthèse plutôt que la glycérine végétale ! Encore et toujours les mêmes raisons !

COMPOSITION D'UN SAVON NATUREL	
Corps gras (origine végétale [coprah en majorité, palme et olive]). **Alcali** (soude). **Glycérol.** **Colorants naturels des végétaux, huiles et produits utilisés** (parfois un colorant naturel est rajouté).	**Huiles essentielles pures et naturelles.** **Huiles végétales de première pression à froid** (germe de blé, jojoba, amande douce), **ou beurre de karité.** **Adjuvants divers** (algues, argile, miel, son...). **pH : 7 environ.**
Durée de fabrication : 72 heures (ce qui permet de diminuer la quantité de soude nécessaire à la fabrication du savon).	

Lors de la fabrication du savon, on obtient environ 20 % de glycérol. Légalement, un savon doit en comporter au moins 1 % ; les fabricants retirent donc une grande partie de ce glycérol et le remplacent par de la glycérine de synthèse (très bon marché), de l'alcool et du sucre. Mais quel est l'intérêt ? Le glycérol naturel est un produit très recherché qui donne au savon sa douceur et sa consistance onctueuse ; les laboratoires cosmétiques sont prêts à payer un bon prix pour l'incorporer dans leurs crèmes. Vous retrouvez ainsi ce glycérol sous forme de glycérine dans vos crèmes pour le visage et pour les mains. Inutile de préciser qu'il est plus rentable de vendre son savon d'un côté et son glycérol de l'autre, plutôt que de conserver au savon son glycérol ! Rassurez-vous, en savonnerie artisanale, le glycérol est très souvent entièrement conservé dans le savon. C'est ce qui explique la différence de prix entre un savon fabriqué artisanalement et un savon fabriqué industriellement.

Les coagulants qui favorisent la mousse n'ont pas de raison de se trouver dans le savon naturel ; en effet, les corps gras végétaux moussent bien naturellement, au contraire des corps gras animaux qu'il faut donc « aider ». Les principes actifs sont présents en très petites quantités dans les savons classiques. Légalement, un savon dit, par exemple, au miel, doit contenir au moins 1 % de miel. Un savon naturel va en comporter jusqu'à 10 %. Il en va de même pour les autres substances actives ; il n'est pas rare d'en trouver jusqu'à 20 % dans les savons naturels.

Quant aux autres parfums, conservateurs, séquestrants, antioxydants, phosphates, ils n'ont aucune utilité dans le savon naturel. Les autres, en revanche, sont indispensables car ils suppléent la qualité médiocre du savon en le parfumant et le colorant pour le rendre agréable.

d) Les lotions

Elles facilitent le démaquillage et apportent une note de fraîcheur à la peau.

Une formule de lotion classique :

Water – Mineral oil – Saponaria *extract – Wheat germ extract – Polysorbate 80 – Acetylated lanolin alcoohol – Cetylacetate – Methyl glucose Sesquistarate – Butylène*

Glycol – Methyl Gluceth 20 sesquistearate – Fragrance – Tea carbomer – Methylparaben – Polysorbate 20 – Cellulos guim – Phenowyethanol – Propylparaben – Myristalkonium Dihexyl sulfosuccinate – Ethylparaben – Tetrasodium EDTA.

COMPOSITION D'UNE LOTION CLASSIQUE	
Excipient	Hydrolat. *Facultatif :* alcool (degré faible).
Principes actifs	Tensioactifs, extraits végétaux, minéraux ou de synthèse.
Adjuvants	Humectants, conservateurs (antioxydants, fongicides, bactéricides), stabilisateurs, colorants, parfums.

On y trouve en autres :
➠ *Mineral oil :* une huile minérale dérivée du pétrole, totalement occlusive, qui empêche la peau de respirer et le renouvellement des cellules de l'épiderme.
➠ *Tea carbomer :* émulsifiant dérivé là encore du pétrole (même inconvénient que « mineral oil »).
➠ *Éthylparaben, propylparaben, méthylparaben :* conservateurs synthétiques dont l'emploi est de plus en plus controversé.
➠ *Butylène Glycol :* solvant chimique toxique.
➠ *Tétrasodium EDTA :* séquestrant anticalcaire, synthétique bien sûr.

Une formule de lotion naturelle :
Water – Anthyllis vulneraria *extract – Alcohol – Witch Hazel Extract* (Hamamelis virginiana) – *Fragrance.*
C'est-à-dire : eau – extraits de plantes (anthyllide, hamamélis) – alcool – parfum.

Plus simplement, préparez-vous une eau de rose, de fleur d'oranger ou d'autres plantes, selon votre type de peau (en un tour de main à la maison).

e) Les laits démaquillants

Ils doivent nettoyer délicatement notre épiderme matin et soir, et pour cela s'étaler facilement. On utilisera pour leur fabrication des émulsions huile dans l'eau.

Une formule classique :
Active ingredient : *Titanium dioxide.*
Others ingredients : *Purified water – Octyldodecyl neopentanoate – Butylene glycenol – C12-15 – Alkyl benzoate – Isostearyl palmitate – Phenyl trimethicone –*

Cetyl dimethicone copolyol – Magnesium stearate – Nylon – 12 millet seed extract – Magnesium ascorbyl phosphate – Xanthn gium – Collagen – Aluminium laurate – Sodium chondroitin sulfate – Polyquaternium-24 – Hyaluronic acid – Tocopheryl acetate – Sodium chloride – Propylene glycol – Polyglyceryl-4 – Isostearate – Hexyl laurate – Aluminium hydroxide – BHT – Disodium – EDTA – Methylparaben – Phenoxyethanol – Fragrance – Talc.

COMPOSITION D'UN LAIT DÉMAQUILLANT CLASSIQUE	
Excipient	Hydrolat, substances grasses (huiles, graisses ou [et] cires), glycérine.
Principes actifs	Tensioactifs, substances végétales naturelles ou de synthèse, animales (collagène).
Adjuvants	Humectants, stabilisateurs, antioxydants, fongicides conservateurs, bactéricides, colorants, parfums.

Une formule de lait naturel :
Huile vierge de noisette – Extraits naturels de plantes – Huiles essentielles de romarin, cyprès, camomille, thym – Distillat de romarin – Émulsionnant neutre.

On obtient les mêmes résultats avec un simple lait de vache ou d'amande, ou encore des huiles d'amande douce, de noisette ou de sésame.

f) Les crèmes de soin

On leur en demande beaucoup ! Elles protègent notre épiderme de l'environnement extérieur, empêchent sa déshydratation, l'assouplissent et l'adoucissent, retardent l'apparition des rides, mais on voudrait aussi qu'elles enlèvent les rides existant, empêchent le vieillissement et nous donnent une peau de pêche malgré notre penchant pour les sucreries.

Une formule de crème classique :
Purified water – Butylène glycol – Glyceryl stearate – Cetylricinoleate – Isostearyl palmitate – Isocetyl salicylate – Stearic acid – Caprylic capric stearic triglyceride – Peg 100 stearate – Argimine – Salicylic acid – Dimethicane – Disaccharide – Bisabold – Mixed oyaphopholipids – Malvacae *extract – Tocopheryl acetate –* Sucrose cocoate *– Ptfe – Acrylates C10-30 alkyl acrylate crosspolyme – Trisodium EDTA – Carbomer – Phenoxyethanol – Methylparaben – Propylparaben – Butyparaben – Ethylparaben.*

COMPOSITION D'UNE CRÈME DE SOIN CLASSIQUE	
Excipient	Eau purifiée, hydrolat, substances grasses (animale, végétale ou minérale).
Principes actifs	Extraits de plantes, huiles essentielles naturelles ou de synthèse, substances diverses (animales, synthétiques).
Adjuvants	Humectants, conservateurs, stabilisateurs, colorants, parfums.

Nous trouvons entre autres :
- *Purified Water :* de l'eau purifiée, donc sans aucune propriété.
- *Stearic acide :* émulsifiant obtenu à partir de graisses animales.
- *Caprylic capric stearic triglycéride :* acide gras très raffiné issu de la noix de coco.
- *Peg 100 :* obtenu à partir de gaz toxique et polluant pour l'environnement.
- *Salicylic acid :* conservateur synthétique; à ne pas utiliser au-dessous de 3 ans.
- *Carbomer :* émulsifiant dérivé du pétrole.
- *Phénoxyéthanol :* conservateur synthétique dérivé du goudron, très irritant.
- *Méthylparaben, propylparaben, butyparaben, éthylparaben :* conservateurs chimiques allergisants.

Une crème naturelle :

Water – Arachis hypogaca – Althaea officinalis *extract* – Cera flava – Persea gratissima – Hypericum perforatum *extrac* – Butyrospermum pardi – Rosa gallica – Lecithi – Rosa canina – *Fragrance.*

Les huiles essentielles sont tout à la fois substances actives (elles traversent le derme), conservateurs et parfums. Les huiles végétales mélangées à l'émulsionnant (seule concession à la chimie) adoucissent la peau, l'assouplissent, la protègent et lui transmettent leurs vitamines (E en particulier).

Ces formules type sont assez impressionnantes. En les parcourant, on a du mal à imaginer le produit dont on va oindre notre peau !

CHAPITRE V

Allergies et allergènes

CES dernières années, les services de consultation spécialisés en dermatologie-allergologie ont vu le nombre de leurs patients augmenter régulièrement : lésions cutanées, eczémas, démangeaisons... dus à l'application de produits cosmétiques et d'hygiène sur la peau, les cheveux et les muqueuses. Si les allergies ont toujours existé, la multiplication des substances utilisées et la plus grande fréquence d'emploi de ce genre de produits n'ont fait bien sûr que compliquer la situation.

1. Qu'est-ce qu'une allergie ?

Le *Petit Larousse* de la médecine nous renseigne : « État d'un individu qui réagit autrement au contact d'un agent agressif appelé ici allergène » et qui manifeste une réaction physiologique personnelle favorisée par des facteurs d'origine génétique ou immunologique au contact d'une substance (biologique ou chimique), qui ne déclenche habituellement aucune réaction chez la majorité des gens. L'allergène est le terme appliqué aux substances variées (végétale, animale ou de synthèse) qui peuvent provoquer des réactions allergiques chez des personnes sensibilisées (contact avec la peau, pénétration par différentes voies – respiratoire, alimentaire, cutanée).

L'arrivée de cette sensibilisation anormale chez certains individus est donc totalement inattendue (du moins tant que la molécule responsable n'a pas été détectée) et imprévisible. Une fois cette molécule identifiée par toute une série de tests lors d'une période de calme (sous forme de timbres imprégnés de différents facteurs allergisants), il suffirait normalement d'éviter tout contact avec le produit en question et d'agir en prévention.

Le problème, avec les cosmétiques, réside simplement en l'absence d'étiquetage réglementaire. La composition détaillée ne figurant pas au dos de l'emballage, il est difficile pour la personne allergique de savoir si le produit concerné contient des allergènes. Il serait temps, et l'allergie n'en est pas l'unique raison, que la législation européenne soit un peu plus exigeante à ce niveau. Depuis longtemps, cette loi, déjà en vigueur aux États-Unis et en Allemagne, est réclamée avec insistance par le GERDA [1]. Avec l'adoption de la directive européenne, tous les espoirs sont permis d'avoir enfin sur chaque pot ou flacon la formule chimique détaillée. Deux avantages :

➠ Détecter rapidement la présence de l'allergène possible lors d'une première réaction.

➠ Éviter de nouvelles réactions en n'achetant aucun produit contenant la substance allergisante.

Il existe un problème cependant. Les experts se heurtent au sacro-saint secret de fabrication des laboratoires et la réglementation ne sera pas facile à mettre en place. Tous les cosmétiques et les produits d'hygiène contiennent des allergènes susceptibles de provoquer des allergies sur un individu quelconque, et ce de plus en plus fréquemment. Il suffit qu'il soit catalogué comme dangereux par l'organisme qui aussitôt réagit à son contact par des manifestations cutanées.

La question de savoir pourquoi tel organisme est allergique à telle substance n'a pas encore trouvé toutes ses réponses. On a remarqué malgré tout que les peaux très sèches, facilement irritées, y étaient plus sensibilisées, de même que les sujets anxieux.

Signalons toutefois que la présence d'un allergène dans un produit n'influe pas sur sa qualité. La réaction allergique peut se manifester différemment selon les individus : elle peut se limiter à une simple irritation ou des démangeaisons localisées à l'endroit d'appli-

1. Groupe d'études et de recherches en dermato-allergologie.

cation du cosmétique, mais aussi être véhiculée par la transpiration, aggravée par le frottement en certaines zones, avec des lésions cutanées beaucoup plus importantes telles que l'eczéma…

2. Hypoallergénique !

Les tests de toxicité obligatoires auxquels sont soumis les cosmétiques avant d'être commercialisés ne peuvent vous garantir à 100 % la sécurité d'un produit (l'intolérance étant dépendante de chaque individu) ; pas plus d'ailleurs que ceux qui affichent la mention hypoallergénique ! Simplement, les possibilités de manifestations allergiques sont moindres, les quantités de substances allergènes connues ayant été réduites et même supprimées, mais là encore, pas de garantie totale.

Pas non plus d'assurance de non-allergie avec les produits naturels, qui peuvent eux aussi être allergisants ; on connaît d'ailleurs depuis longtemps ceux susceptibles de provoquer des réactions : la lanoline[2] (suint de mouton), la bergamote (photosensibilisant). Leur avantage est que depuis le temps qu'on les pratique, on sait avec précision les responsables potentiels de ces allergies, que l'on peut donc éviter. De plus, ils sont très rares, alors que la chimie développe sans cesse de nouvelles molécules, en particulier les produits de synthèse, tels que conservateurs, colorants et parfums, qui sont responsables du plus grand nombre d'allergies ; on n'a pas de recul suffisant pour juger de ses effets allergènes ou non sur l'organisme.

Les réactions allergiques cutanées les plus importantes sont déclenchées principalement par les produits de soin de la peau (crèmes, lait ou masques), suivis par les produits capillaires (lotions, teintures et shampooings), les déodorants, et enfin par les produits de maquillage (rouge à lèvres en particulier, fards à paupières) et les produits de toilette (savons, bains moussants, mousse à raser) et les parfums.

2. De nouvelles études tendraient d'ailleurs à prouver que ce seraient plus les produits utilisés pour son extraction que la lanoline elle-même qui seraient en cause !

Précautions d'emploi

Si vous savez être particulièrement sensible à développer des réactions allergiques, avant d'utiliser tout produit cosmétique ou d'hygiène :

- **Testez-le sur une partie sensible de votre corps (derrière l'oreille, à l'intérieur du pli du coude ou du poignet).**
- **Recouvrez d'une gaze et d'un sparadrap.**
- **Attendez quarante-huit heures et vérifiez si l'épiderme présente une apparence normale.**

Dans les produits allergènes connus, citons :

- *Le kathon CG :* conservateur utilisé dans la préparation de shampooings, bains moussants, lotions et crèmes (très souvent responsable d'allergies).
- *Le nitrate d'argent :* substance vénéneuse, autorisée par le décret du 28 décembre 1977, que l'on trouve dans les teintures et lotions capillaires; sa présence doit être obligatoirement signalée et doit figurer la mise en garde suivante : « Peut provoquer une réaction allergique. »
- *La lanoline :* matière grasse extraite de la laine du mouton servant d'excipient pour des crèmes, laits, et entrant aussi dans la composition de savons gras. Sa présence est obligatoirement signalée.
- *Le formol :* substance vénéneuse, autorisée par le décret du 28 décembre 1977, surtout à l'intérieur de vernis pour les ongles, qui peut provoquer des allergies de contact sur les paupières, le visage et le cou; il n'est pas obligatoire de signaler sa présence mais une précaution d'emploi doit y figurer : « Protéger la cuticule et le pourtour de l'ongle avant usage par un corps gras. »
- *Les filtres solaires :* inclus de plus en plus souvent dans des produits de soins solaires, mais aussi de maquillage (rouge à lèvres) pour protéger la peau des rayons solaires et donc du vieillissement, certains d'entre eux contiennent de l'oxybenzone (molécule de synthèse) responsable de nombreuses dermatoses : eczéma, accidents photo-allergiques, érythème.
- *Les parfums :* des substances synthétiques (citronellol, géraniol, furocoumarine, menthol, aldéhyde cinnanique) ainsi que des fixateurs de parfums (baume du Pérou, colophane) peuvent eux aussi

déclencher des allergies. Les huiles essentielles naturelles (lavande, citronnelle, santal, cèdre…) ne sont pas allergènes comme on le laisse bien trop souvent entendre. Elles peuvent effectivement être responsables parfois de petites irritations (dosage trop important…), toujours locales et sans aucune gravité. Ne pas confondre irritations et allergies.

➠ *Les antiseptiques :* l'hexamidine et la chlorhexidine contenues dans les déodorants pour le corps, les salicylates dans les dentifrices.

➠ *Les colorants :* les éosinates, l'érythrosine, la fluorescéine, la rhodamine B sont reconnus comme allergiques.

➠ *Les conservateurs :* synthétiques, ce sont des dérivés phénoliques principalement.

➠ Et bien d'autres parmi les antioxydants, les tensioactifs, les émulsionnants, le collagène, l'élastine, etc.

CHAPITRE VI

Les cosmétiques naturels

1. Enfin une charte !

Naturel ! vous avez dit naturel ! Comment s'y retrouver ? À feuilleter magazines de mode et publicités alléchantes des marques cosmétiques, les produits de beauté actuels sortent tous sous la bannière du naturel. Pratique, car ce mot à la mode veut à la fois tout dire et rien dire. Que penser d'une crème dite « naturelle » qui, d'après sa composition, ne compte en tout et pour tout que 3 % d'extraits végétaux ? Que penser d'une préparation cosmétique dont toute la publicité est basée sur le naturel, l'écologie, et dont un axe porteur (vendeur devrait-on dire ?) est mis en valeur. Pour les uns, c'est le recyclage – papier et carton recyclés pour les publicités et emballages –, pour les autres, c'est le refus de tests sur animaux.

On peut aussi insister sur le sauvetage d'espèces en voie de disparition, par exemple remplacer dans une crème le spermaceti de cachalot par de l'huile de jojoba, à raison de seulement 0,05 %, et pourtant la campagne publicitaire sera basée uniquement sur cet élément, et le reste de la composition sera passé sous silence. Ce peut être encore la découverte d'une nouvelle protéine ou molécule végétale extraordinaire contre le vieillissement qui, dans deux mois, sera remplacée par une autre.

Loin de nous l'idée de critiquer ces différents points : ils devraient tous être revendiqués car ils sont vitaux et indispensables à une éthique planétaire. Toutefois nous protestons parce que ces arguments ne servent (pour grand nombre de marques cosmétiques) que d'arguments publicitaires et commerciaux dépourvus de conviction profonde ou d'idéal. Ces laboratoires seraient d'ailleurs prêts à changer complètement leur fusil d'épaule si un autre objectif devenait à la mode.

Les produits de beauté réellement naturels, qui répondent à l'ensemble des critères définis ci-dessous, ne sont pas légion. Ils sont rares mais ils existent, et sous la pression de consommateurs informés et de plus en plus exigeants, ils ont tendance à se développer. Alors cherchez bien, vous en rencontrerez. Pour vous y aider et éviter les abus que nous évoquions plus haut, des mentions de qualité se mettent en place : *Nature et Progrès, Ecocert, Demeter, BDIH*... afin de sélectionner ces cosmétiques.

Et si vraiment la quête aux cosmétiques naturels s'avère trop ardue, vous trouverez dans cet ouvrage de nombreuses recettes de beauté simples, efficaces, réellement naturelles, au prix de revient peu élevé, fleurant bon les plantes, dont vous connaîtrez tous les composants exacts et dont les principes actifs seront maximum. Quand vous utilisez, par exemple, tout simplement une huile de rose musquée ou de jojoba additionnée de quelques gouttes d'huile essentielle en guise de crème de nuit, c'est 100 % de principes actifs que vous appliquez sur votre peau.

2. Les différents critères auxquels devraient répondre les cosmétiques dits naturels

Au niveau du produit lui-même

- Exempt de parfum, de colorant et de conservateur artificiel.
- Ne contenant ni produits de synthèse (huiles essentielles reconstituées synthétiquement, émulsifiant, antioxydant) ni produits issus du pétrole.
- Sans glycérine, ni paraffine, ni vaseline, ni alcool.
- Sans composants ayant subi une irradiation ionisante.
- Utilisation de produits de qualité (biologique, sauvage, sans traitement chimique).

➠ Les huiles végétales devront être de première pression à froid.
➠ Les huiles essentielles 100 % pures et naturelles.
➠ Extraction des principes actifs de façon naturelle.

Au niveau de l'éthique

➠ Utilisation d'emballages recyclables et non polluants.
➠ Refus des tests inacceptables sur les animaux, tests remplacés par des méthodes substitutives.
➠ Refus d'utilisation de produits dont l'extraction provoque la souffrance ou la mort d'animaux ou est liée à un problème écologique (extermination des espèces, pollutions...).

Nombreux sont les laboratoires qui répondent à l'un de ces critères ou même à deux : c'est relativement facile. En revanche, il est plus difficile de trouver un fabricant qui respecte tous les points énumérés, ce que font pourtant les fabricants de cosmétiques soucieux de qualité qui ont adhéré à des cahiers des charges vigilants tant en France qu'à l'étranger... Si ces cahiers des charges se rejoignent sur les grandes lignes, on note malgré tout quelques divergences.

Cahier des charges Nature et Progrès [1]

Il a été mis au point en octobre 1997 et s'applique à l'ensemble des produits cosmétiques et d'hygiène corporelle. Ses points principaux sont :
➠ Préparations uniquement composées de matières végétales issues de l'agriculture biologique ou de matières minérales non pétrochimiques.
➠ Pas d'utilisation de molécules de synthèse.
➠ Ingrédients obtenus uniquement par des procédés mécaniques (broyage, centrifugation, séchage) ou par des procédés de chimie simple tels que distillation, fermentation, macération.
➠ Tous les composants des cosmétiques et toutes les étapes de la fabrication doivent répondre à des règles précises de respect de l'environnement.

1. 68, bd Gambetta, 30700 Uzès.

➠ Toute matière première d'origine animale, ainsi que les rayonnements ionisants type X ou gamma de même que la technologie génétique sont interdits.
➠ Toute utilisation de chlore dans les produits et dans leur fabrication est exclue.
➠ Les liposomes sont également interdits.
➠ Les conservateurs naturels sont bien entendu privilégiés, mais il peut y avoir une dérogation pour l'utilisation provisoire d'un conservateur chimique.
➠ Les tests sur animaux sont interdits de même que l'emploi de certaines plantes ou huiles essentielles en voie de disparition.
➠ Les adhérents doivent aussi être indépendants de toutes multinationales.

Charte Demeter [2]

Charte d'origine allemande très rigoureuse :
➠ Pas d'additifs synthétiques (émulsifiants, parfums, conservateurs, colorants...).
➠ Pas de tests sur animaux.
➠ Plantes provenant de l'agriculture biodynamique ou plantes sauvages.
➠ Sélection rigoureuse de toutes les substances entrant dans la composition des cosmétiques.
➠ Préparations élaborées selon les méthodes utilisées pour la fabrication des médicaments homéopathiques Wala.

Charte Ecocert

Si, en Allemagne, cette charte est déjà en place avec une réglementation et des contrôles réguliers, en France, un projet est encore à l'étude, qui tente de définir les matières premières et additifs à utiliser ou à prohiber, d'uniformiser les différentes pratiques des laboratoires et de prévoir les contrôles au niveau des fabricants.

Mention BDIH

Cet ensemble de critères définis par des groupements allemands sont moins rigoureux que le cahier des charges précédent ; en particulier, il

2. France Association, BP 6, 67600 Muttersohltz.

autorise certaines matières premières provenant d'animaux vivants et certains conservateurs synthétiques ainsi que l'usage de l'acide benzoïque et de ses dérivés.

Charte Neuform [3]

Elle est définie par un laboratoire de contrôle indépendant allemand. Sensiblement identique à la mention BDIH, elle exclut les tests animaux, la paraffine dans les excipients, les additifs synthétiques (sauf exceptions) et privilégie les matières naturelles, l'utilisation d'huiles et de graisses végétales, certains ingrédients provenant d'animaux vivants (lait, cire d'abeille...), des ingrédients minéraux comme l'argile, certaines boues, des principes actifs d'origine végétale (extraits de fruits, de plantes...) ou extraits du lait et des œufs.

Ce tour d'horizon des chartes concernant les cosmétiques n'est bien sûr pas complet, mais il est déjà une première approche. Pour des données précises à propos de ces chartes, n'hésitez pas à vous renseigner directement auprès des organismes concernés.

3. Quels ingrédients composent les produits naturels ?

a) Les cosmétiques naturels à travers les époques

Ils sont utilisés depuis la nuit des temps. Qui pourrait d'ailleurs affirmer que la première femme des temps préhistoriques ne s'enduisait pas déjà de boue argileuse pour avoir la peau douce ? Ce n'est qu'avec les progrès de la chimie que s'est développée une industrie des cosmétiques. Jusqu'alors, les substances entrant dans la composition des produits de beauté ne pouvaient être que naturelles, bien que pas forcément bonnes ! Il n'est que de regarder du côté des courtisans et courtisanes de la fin du XVIIe et du XVIIIe siècle qui, avec une

3. Europ-Labo, 3, rue Gutenberg, BP 39, 67610 La Wantzenau.

belle inconscience, se blanchissaient la peau avec le fameux blanc de céruse (carbonate basique de plomb très toxique interdit depuis 1915), de l'albâtre moulu mélangé à du soufre et du borax, donnaient de la couleur à leurs joues au moyen de sulfure mercurique, s'instillaient dans les yeux quelques gouttes de belladone qui les dilataient, bref, il était courant de manier sels de plomb, mercure, zinc et arsenic dans sa salle de bains. Les maladies de peau et autres problèmes généraux qui découlaient forcément de l'utilisation de ces poisons devaient être monnaie courante.

Quelques « charmantes » recettes du temps jadis

L'Histoire ne manque pas non plus de recettes incongrues, tenant plus de la formule magique que des recettes de beauté, qui pourtant ne sont peut-être pas plus loufoques que celles ultrasophistiquées, à base d'extraits placentaires, embryonnaires, de certains laboratoires !

➠ 1655, un onguent pour faire pousser les cheveux :

– Prenez un quart de livre de graisse d'ours, jetez-y 2 pincées de cendres de citronnelle, 2 pincées de cendres d'abeilles brûlées, 2 pincées d'amande douce, 2 gouttes de jus de racines de nénuphar blanc et 8 pincées de muscade. Faites un onguent.

– Rasez l'endroit où vous voulez que les cheveux repoussent la veille de la pleine lune, et ils repousseront.

➠ 1576, pour rendre une femme jolie :

– Prenez 2 paires de pieds de veau, faites-les bouillir en réduisant l'eau de moitié. Puis mettez-les dans 1 livre de riz, laissez bouillir avec de la mie de pain blanc trempée dans du lait, ajoutez 2 livres de beurre frais, 10 blancs d'œufs et les coquilles.

– Puis ajoutez un peu d'alunite. Lavez-vous avec.

La Révolution française coupa court à ces artifices en prônant (déjà) la mode du naturel. Le cosmétique se limita alors à de simples produits d'hygiène aux plantes fabriqués à la maison ; en abandonnant le maquillage passé de mode, on s'attache désormais à soigner sa peau et à l'embellir, puisqu'elle est à découvert et à la vue de tous. Outre ces exemples extrêmes, les civilisations de nombreux pays ont toujours su instinctivement et sans aucune expérimentation, quels étaient les bons produits à employer, dont elles faisaient un large usage. Il est d'ailleurs intéressant de noter que, quelles que soient les modes et les époques, les formes des ustensiles et accessoires de beauté (palettes, spatules, flacons, bols, pots, coupes) ne se sont pas modifiés depuis des siècles et même des millénaires, pas plus que les gestes fondamentaux de la beauté, les matières actives et même les recettes. Les premières recettes écrites remontent à 4 000 av. J.-C. (des papyrus égyptiens découverts récemment en témoignent) ; la première formule originale de crème a été créée par un médecin grec, Galien, au IIe s. av. J.-C. reste la formule de base de nombreux cosmétiques actuels, avec quelques variantes (cire blanche + huile d'amande douce + eau de rose + quelques gouttes de vinaigre). Quant à Hippocrate, Pline l'Ancien et Dioscoride, pour ne citer qu'eux, ils ont dans nombre de manuscrits vanté les mérites de certains cosmétiques.

En Égypte, les bains étaient chose courante, de même que les onctions d'huiles et l'emploi d'onguents pour adoucir et assouplir la peau, soigner les cheveux. À Rome, les thermes, ancêtres de nos établissements de beauté, étaient de véritables institutions où l'on passait des heures, comme dans les hammams en Orient.

Les masques, universels, allaient de la simple bouillie de seigle chère à Poppée (la belle Romaine, épouse de Néron, « fan » également des bains de lait) à des préparations plus sophistiquées : mélange d'orge, d'œufs, de cornes de cerf râpées, de gommes parfumées, de miel, de vinaigres, de farine de fèves, de lait… Le masque à la viande de Catherine de Médicis et de la Pompadour était plus « cru », celui de Diane de Poitiers, à la fraise, plus champêtre.

Cette liste pourrait s'allonger indéfiniment tant les femmes et les hommes de toutes les époques sont avides de recettes capables de leur redonner jeunesse et beauté et toujours à la recherche de la recette miracle. Or cette recette n'existe pas, seuls existent de bons produits de beauté auxquels nous demandons d'entretenir notre peau et nos cheveux, de les embellir et de leur conserver le plus longtemps possible un fonctionnement normal.

Quant au secret de la jeunesse, il est au fond de nous, dans notre intérêt toujours renouvelé pour la vie, notre ouverture aux autres, notre curiosité ; il exige un état d'esprit positif ainsi qu'une qualité de vie aux niveaux physique, mental et spirituel.

b) Les ingrédients employés

Ils sont simples, et comme la plupart constituent d'excellents aliments – nos placards de cuisine et nos réfrigérateurs en sont remplis –, nous ne risquons pas d'en manquer. En voici quelques-uns : crème fraîche, fromage blanc, yaourt, œufs, miel, vinaigre, huile, fruits, légumes, levure de bière, fines herbes... En leur incorporant, selon les résultats recherchés, quelques gouttes d'huile essentielle, de l'argile ou des éléments plus spécifiques, nous nous constituerons un « garde-beauté » complet, efficace et 100 % naturel. Déjà Montaigne disait : « La barbarie, c'est s'éloigner de la nature. » Dépêchons-nous, donc, de faire ce retour à la nature avant qu'il ne soit trop tard. Un des moyens les plus simples mis à la disposition de tout un chacun est de confectionner de bons produits cosmétiques en utilisant uniquement des composants naturels. C'est l'occasion de sortir de leur oubli les vieilles recettes populaires de nos grands-mères et de nos lointains aïeux. Redécouvrons avec délice des préparations traditionnelles au nom qui évoque la beauté, comme l'huile de lys, l'eau de la reine de Hongrie... N'hésitez pas à innover et à fabriquer des préparations inédites que vous personnaliserez à votre gré et selon vos goûts.

Sans nous complaire dans un passé nostalgique, nous profiterons pleinement des avantages de notre époque et de ses communications facilitées ; nous avons ainsi accès non seulement aux secrets de nos grands-mères, mais à ceux des grands-mères du monde entier et, par voie de conséquence, à des ingrédients venus d'ailleurs dont certains sont extrêmement intéressants pour différentes raisons : écologie, qualité et propriétés.

- Huile de jojoba.
- Huile de rose musquée.
- Beurre de karité.
- Huile de noix de macadamia.

Inconnus chez nous il y a peu, ou beaucoup trop chers, ils sont maintenant à notre disposition pour un prix raisonnable.

Tous les ingrédients utilisés dans nos recettes sont, pour la plupart, d'origine végétale, très rarement minérale (argile). Certains sont des sous-produits animaux (produits laitiers, miel…) que les animaux peuvent nous fournir naturellement sans aucun désagrément pour eux. Jamais ne seront employés des produits animaux tels que l'huile de vison, par exemple, qui impliquent mort ou souffrances pour nos amies les bêtes, ou encore extermination.

c) Où trouver ces ingrédients ?

Le jardin est une officine dont nous devrions nous servir plus souvent.

Dr Léon Binet.

Vous les dénicherez pour la plupart dans votre magasin de produits naturels, chez un herboriste, sur le marché, dans les jardins, sur le bord des chemins ou dans la campagne. Un produit de beauté est composé d'un excipient (substance qui permet de véhiculer les principes actifs à travers l'épiderme), en général un corps gras, souvent négligé dans les produits classiques, et de principes actifs, seuls supposés agir. Pour nous, excipients et principes actifs sont intimement liés, car nos excipients sont aussi des principes actifs, et *vice versa.* Les huiles végétales de première pression à froid font office d'excipients puisqu'elles servent de support aux autres éléments, mais en raison de leurs propriétés adoucissantes, régénérantes…, elles sont aussi des principes actifs à part entière. Les huiles essentielles ont de plus un autre avantage : elles conservent le produit auquel elles sont incorporées.

4. Les principaux ingrédients de base

a) Les plantes

Ingrédients indispensables, incontournables, devrions-nous dire, de tout produit de beauté, leur variété et leurs qualités sont impressionnantes. Utilisées depuis toujours dans la confection des cosmétiques, elles peuvent être tour à tour l'élément essentiel d'une lotion ou d'un masque, ou simplement un adjuvant dont le rôle est uniquement de parfumer la préparation en question.

Certaines plantes sont déjà dans votre cuisine, et vous les avez toujours à portée de main pour leur usage culinaire et aromatique : persil, menthe, serpolet, marjolaine, thym, romarin, cerfeuil, lavande, verveine. Vous trouverez les autres dans les jardins, les champs, les forêts, à l'écart des pollutions, bien entendu, ou, si vous n'avez pas le temps, dans la boutique d'un herboriste ou encore dans votre magasin de produits naturels. Dans tous les cas, exigez des plantes non traitées aux engrais chimiques et pesticides de synthèse. Si vous les ramassez vous-même, faites-les sécher soigneusement dans un endroit sec, bien à l'abri de la lumière, et recouvrez-les d'une gaze ou d'une mousseline afin de les protéger de la poussière tout en laissant passer l'air.

Une fois le séchage effectué, enfermez les plantes dans des boîtes en bois ou dans des bocaux en verre opaque que vous conserverez bien à l'abri de la lumière dans des placards sombres. Vous les utiliserez au maximum pendant un an. L'idéal est bien entendu de travailler avec des plantes fraîchement cueillies, toujours plus actives et plus riches en propriétés que les plantes séchées.

Les principales utilisations des plantes pour la préparation des cosmétiques sont :

➠ *Les infusions :* obtenues en versant de l'eau bouillante sur les plantes (en général sur les parties les plus fragiles, feuilles, fleurs, sommités fleuries) ; on laisse infuser dans une théière ou une casserole recouverte d'un couvercle 10 à 15 min, puis on filtre (10 g environ de plante/tasse).

➠ *Les décoctions :* obtenues en faisant bouillir les plantes dans l'eau pendant 15 à 20 min, puis on filtre. Ce sont en général les parties les plus dures qui sont concernées : racines, écorces, baies, tiges (15 g/tasse).

➠ *Les macérations :* elles consistent à laisser les plantes macérer plusieurs jours dans du vinaigre (cidre, vin…) ou de l'huile. Elles permettent ainsi de recueillir en douceur les principes actifs des plantes choisies. Filtrez ensuite et conservez dans de petites bouteilles de verre à l'abri de la lumière. Les macérations se conservent sans aucun problème un an, parfois plus. La durée de la macération dépend des plantes employées et de la concentration recherchée. Pour une concentration maximale, on peut faire macérer des plantes fraîches quelques jours, filtrer la préparation, puis recommencer avec de nouvelles plantes autant de fois que l'on désire.

Nous vous présentons ici les plantes dont les propriétés nous ont paru les plus intéressantes et les plus utiles à l'art cosmétique. Employées fréquemment dans les produits de beauté naturels, vous en ferez grand usage dans vos préparations personnelles. Nous vous indiquons en même temps la ou les parties de la plante à utiliser.

LISTE DES PRINCIPALES PLANTES UTILISÉES EN COSMÉTIQUE	
Achillée mille-feuille	Les feuilles et les fleurs sont très astringentes, décongestionnantes (peaux grasses) et cicatrisantes.
Alchémille	Les feuilles sont cicatrisantes, anti-inflammatoires et astringentes, très actives en cas de pores dilatés.
Aubépine	Les fleurs sont émollientes, les feuilles sont astringentes (peaux sèches, irritées).
Bardane	Les racines et les feuilles sont émollientes et adoucissantes. On l'utilise sur les peaux grasses et acnéiques, contre la séborrhée. La racine serait efficace pour éliminer les pellicules.
Basilic	Les feuilles sont tonifiantes (peaux sèches, antirides).
Bleuet	Les fleurs sont adoucissantes, tonifiantes (peaux sensibles), et calment les irritations des yeux et des paupières.
Bois de Panama	Écorce de la tige du *Quillaja smegmadermos;* c'est un savon naturel contenant de la saponine qui dissout et émulsionne les graisses. On l'utilise pour laver en douceur les cheveux et les peaux sensibles.
Bourrache	Les feuilles sont adoucissantes et désinfectantes.
Cade ou *Juniperus oxycedrus*	L'huile est le produit de la distillation de son bois. Très utile pour traiter les affections eczémateuses du cuir chevelu (desquamation, croûtes). De plus, elle donne du brillant à la chevelure et la tonifie. L'appliquer sur les cheveux, mélangée à de l'huile d'amande douce et laisser agir toute la nuit. Attention à bien protéger la literie car l'huile de cade tache beaucoup.

LISTE DES PRINCIPALES PLANTES UTILISÉES EN COSMÉTIQUE	
Camomille	Les fleurs sont adoucissantes, anti-inflammatoires, désinfectantes, antiseptiques et astringentes. Employée depuis toujours pour éclaircir les cheveux blonds et châtains, auxquels elle donne un bel éclat doré, la camomille est également efficace en bains oculaires, contre les yeux rouges et fatigués, en bains de bouche contre les aphtes et pour la toilette des peaux sèches, sensibles, allergiques et sujettes aux dartres.
Cèdre	Le bois est employé contre la séborrhée.
Cerfeuil	Les feuilles sont légèrement astringentes, résolutives, antirides, adoucissantes, rafraîchissantes (peaux grasses, antirides).
Cyprès	Le bois est anticouperose, antisudoral et antirides.
Coquelicot	Les fleurs sont réputées pour préserver des rides et garder la peau fraîche (peaux sèches).
Euphraise	Surtout reconnue pour ses propriétés ophtalmiques, elle est bénéfique pour toutes les affections oculaires en compresses ou en bains, mais ses feuilles et ses fleurs sont également toniques et astringentes.
Fenouil	Les feuilles sont désinfectantes et légèrement astringentes (peaux sèches et encrassées) et contribuent à lutter contre les rides.
Genièvre	Les baies sont stimulantes, toniques et détoxiquantes (peaux grasses, acnéiques).
Guimauve	Les feuilles et la racine sont émollientes, cicatrisantes et adoucissantes (peaux fragiles, sensibles et sèches).
Hamamélis	Les feuilles et l'écorce sont astringentes, désinfectantes, antiseptiques, adoucissantes (peaux couperosées et fragiles).
Henné	L'une des plus anciennes matières colorantes, il nous vient d'Orient. Ce sont les feuilles que l'on utilise séchées, réduites en poudre et mélangées avec de l'eau. Selon le temps d'application, le henné peut donner à vos cheveux de splendides reflets cuivrés, ou une couleur rouge orange un peu agressive en particulier sur les cheveux gris ou blancs. Les résultats sont toujours plus réussis sur les cheveux châtains ou bruns. Quelle que soit la couleur obtenue, le henné est un merveilleux traitement du cheveu : il enduit et gaine chaque cheveu en lui donnant du corps et de l'éclat, le fortifie, le protège et le rend épais, souple, brillant et facile à coiffer.
Lavande	Les fleurs sont antiseptiques, à la fois cicatrisantes, stimulantes, désinfectantes et calmantes (peaux irritées, acnéiques).

LISTE DES PRINCIPALES PLANTES UTILISÉES EN COSMÉTIQUE	
Lis blanc	Les fleurs sont émollientes, cicatrisantes, stimulantes (peaux sèches, vieillies).
Mauve	Les fleurs sont émollientes, anti-inflammatoires, adoucissantes (peaux irritées, sensibles).
Mélisse	Les feuilles sont adoucissantes, astringentes, rafraîchissantes, revitalisantes (peaux grasses).
Menthe	Les feuilles sont cicatrisantes, stimulantes, raffermissantes, antiseptiques, astringentes (peaux couperosées).
Millepertuis	Ses fleurs sont cicatrisantes, astringentes, adoucissantes, hydratantes, antirides, vulnéraires. Efficace contre les brûlures dues au soleil, pour calmer les irritations des peaux fines et sensibles, pour retarder l'apparition des rides, pour le démaquillage des peaux grasses et en après-soleil.
Noyer	Les feuilles sont utilisées pour foncer les cheveux et les rendre brillants.
Oranger	Les fleurs, calmantes, adoucissantes, antirides, rafraîchissantes, redonnent du tonus à la peau (pour les peaux fatiguées, tendues, irritées, délicates).
Ortie blanche	Les feuilles sont cicatrisantes, tonifiantes (peaux grasses). Utilisée dans les soins des cheveux contre les pellicules, pour activer la repousse et combattre leur chute.
Persil	Les feuilles sont astringentes, antirides (peaux couperosées). Utilisé pour atténuer les taches de rousseur, éclaircir le teint et aviver la couleur des cheveux.
Pensée sauvage	Les fleurs, cicatrisantes et calmantes, sont employées avec succès dans le traitement de multiples affections cutanées.
Prêle	Les tiges stériles sont astringentes et fortifient les cheveux.
Quinquina	L'écorce, providentielle pour les cheveux, lutte contre la séborrhée, stimule leur croissance, empêche leur chute.
Romarin	Les sommités fleuries sont fortifiantes, astringentes, rajeunissantes ; elles donnent de l'éclat et du corps aux cheveux, favorisent leur pousse, leur communiquent de beaux reflets sombres.
Rose	Les fleurs sont astringentes, tonifiantes, rafraîchissantes, calmantes, antiseptiques (toutes peaux).
Saponaire	Riches en saponine, les racines et les feuilles en infusion dans l'eau remplacent le savon et permettent le lavage en douceur des cheveux. Elles sont aussi désinfectantes.

LISTE DES PRINCIPALES PLANTES UTILISÉES EN COSMÉTIQUE	
Sauge	Les sommités fleuries et les feuilles sont astringentes, revitalisantes, fortifiantes, antiseptiques ; elles régularisent la production de sébum pour les peaux grasses et assombrissent légèrement les cheveux.
Souci ou calendula	Les feuilles et les fleurs sont antiseptiques, cicatrisantes, adoucissantes, raffermissantes ; elles éclaircissent les cheveux et ne sont pas à négliger dans les soins des brûlures et engelures.
Sureau	Les fleurs sont calmantes, adoucissantes, antiseptiques et elles éclaircissent le teint (peaux sensibles) ; les baies en décoction foncent les cheveux bruns et leur donnent du brillant.
Thé	Ses feuilles donnent une couleur mordorée sur les cheveux blancs, mais aussi des reflets châtains sur les cheveux bruns.
Tabac	Les feuilles en décoction servent à cacher les cheveux gris.
Thym	Les feuilles et sommités fleuries sont bactéricides, vulnéraires, résolutives, antiseptiques, toniques (peaux sans tonus, fatiguées).
Tilleul	Les fleurs sont calmantes, désinfectantes ; utilisées pour atténuer les taches de rousseur et éclaircir les cheveux blonds (peaux délicates).
Verveine	Les feuilles sont adoucissantes, rafraîchissantes (peaux sensibles).
Violette	Les fleurs sont adoucissantes, émollientes ; elles calment les inflammations des paupières et diverses irritations de la peau.

Tous ces ingrédients ont une sphère d'action très étendue au niveau thérapeutique, que ce soit par voie interne ou externe, mais dans ce chapitre nous ne citerons que leurs propriétés cosmétiques.

b) Les merveilleuses huiles essentielles

L'aromathérapie, depuis près de vingt-cinq ans, retrouve petit à petit droit de cité dans notre pharmacopée. Encore très peu connues du grand public, les huiles essentielles sont dotées, comme nous allons le voir, d'étonnantes propriétés. D'un emploi facile, elles sont de plus atoxiques (à condition, bien sûr, de suivre les conseils d'utilisation prodigués et de respecter les posologies indiquées). Leurs propriétés et indications mises en évidence par les travaux de nombreux chercheurs confirment la véracité d'un savoir ancestral que la médecine moderne a trop tendance à vouloir nous faire oublier.

Qu'est-ce qu'une huile essentielle ? C'est le résultat de la distillation à la vapeur d'eau d'une matière aromatique végétale (plantes entières ou feuilles, fleurs, racines, jeunes rameaux...).

Il existe plusieurs façons de les extraire :

➠ *La distillation à la vapeur d'eau :* plantes, fleurs ou feuilles sont placées dans le bac en cuivre d'un alambic. Par chauffage à feu nu, la vapeur qui s'en dégage se charge des principes aromatiques des plantes. Ce mélange d'essence et de vapeur d'eau se condense dans les réfrigérants puis se déverse dans un vase florentin. Par différence de densité, eau et huile essentielle sont alors séparées.

➠ *L'expression :* les agrumes sont simplement pressés à froid. Là encore, la séparation de l'eau et de l'essence se fait par différence de densité. On devrait alors parler d'essence et non d'huile essentielle.

➠ *L'extraction :* les essences obtenues par de tels procédés ne doivent pas être utilisées pour la fabrication de produits de beauté, ni en thérapeutique. L'extraction se fait au moyen d'un solvant généralement toxique. Malgré les traitements destinés à éliminer ce solvant, il est rare que le produit terminal soit pur et identique en qualité aux huiles essentielles obtenues par distillation ou expression.

➠ *L'enfleurage :* plus rarement, certaines plantes ou fleurs sont pauvres en huiles essentielles ou très fragiles. Pour recueillir leurs principes aromatiques, elles sont étalées sur des châssis enduits de graisse et très souvent renouvelés. En fin de saison, la graisse totalement imprégnée est traitée à l'alcool, qui se charge des huiles essentielles. Jasmin, violette, jonquille, narcisse ou rose nécessitent un tel moyen d'extraction.

Séparées de leur véhicule (vapeur d'eau ou alcool), les huiles essentielles apparaissent comme un produit huileux. Elles sont incolores (sauf rares exceptions : absinthe, camomille, thym) et insolubles dans l'eau.

De par leur composition en terpènes, phénols, aldéhydes, alcools et autres constituants secondaires propres à chaque végétal, les huiles essentielles cumulent un certain nombre de propriétés tant en usage interne qu'externe :

➠ *Antiparasitaire :* elles ont la propriété d'éloigner la plupart des insectes.

➠ *Antiseptique :* sans doute la plus importante de leurs propriétés. En règle générale, toutes les essences s'opposent au développement de nombreux germes microbiens tels que staphylocoques, bacille de Koch, bacille typhique. Les plus actives dans ce domaine sont les essences de camomille allemande, citron, genièvre, girofle, lavande, menthe, romarin, sarriette et thym. Cette propriété est renforcée par le fait que les huiles essentielles, contrairement aux antibiotiques, restent d'une égale efficacité dans le temps. Parallèlement, elles modifient le terrain et stimulent l'organisme dans sa lutte contre les éléments pathogènes. Leur action n'est pas sélective et elles ne se contentent pas d'éliminer les souches les moins résistantes. Leur intervention permet l'éradication totale de la maladie.

➠ *Antivirale :* grâce aux huiles essentielles, vous pourrez soigner de nombreuses maladies dues à la prolifération de virus, comme la grippe (thym, citron, cannelle) ou le zona (thym, lavande, sauge, romarin, eucalyptus). Souvent un mélange d'essences s'avère encore plus actif.

➠ *Cicatrisante :* de nombreuses huiles essentielles, parmi lesquelles thym, lavande ou romarin, bénéficient de cette propriété. Utilisées diluées, en usage externe, elles facilitent la régénération des cellules dans le cas de plaies ou d'ulcères. « Les essences, explique Valnet, attirent le sang au niveau des tissus lésés avec un apport important de globules blancs (chargés de phagocyter microbes et virus). Le nettoyage de la plaie et le renouvellement cellulaire sont alors assurés. » De plus, les huiles essentielles, contrairement à de nombreuses solutions à caractère bactéricide comme la liqueur de Dakin, ou eau oxygénée, n'altèrent en aucun cas, au niveau de la plaie, les cellules environnantes saines. Cet atout, non des moindres, éviter la formation de cicatrices disgracieuses.

➠ Parallèlement, et suivant les huiles essentielles considérées, elles peuvent se montrer antinévralgiques, antirhumatismales, stimulantes, antidiabétiques, anti-infectieuses, diurétiques, apéritives, carminatives, digestives… Elles peuvent donc être employées avec succès dans de très nombreuses affections.

Pour votre bien-être et celui de votre peau, n'utilisez jamais des huiles essentielles de moindre qualité. Choisissez-les pures, naturelles et non falsifiées. Évitez les huiles essentielles déterpénées : elles ne sont pas mauvaises mais simplement moins actives. Toutes les huiles essentielles doivent être conservées dans des petits flacons en verre coloré et à l'abri de la lumière, pour éviter toute oxydation par l'air et la lumière. Enfin, suivre toujours les posologies indiquées pour la fabrication de vos cosmétiques : mal utilisées, certaines d'entre elles peuvent se révéler irritantes. Ne pas les appliquer pures sur la peau. Pour les utiliser, vous les diluerez dans du dispersant (Disper, Dispersil…), du gel douche, etc.

Le label HEBBD[4] attribué à une huile essentielle est la meilleure garantie qui soit, surtout s'il est assorti d'une mention de provenance de l'agriculture biologique.

Atout beauté : le pouvoir de pénétration des huiles essentielles

Très important, il permet aux huiles essentielles de franchir le revêtement cutané et de rejoindre directement le flux sanguin. Ainsi les huiles essentielles agissent non seulement localement mais également sur l'organisme dans son entier. Cette extrême diffusibilité des essences explique la grande efficacité des huiles parfumées, crèmes, bains et lotions réalisés à partir de tels produits, à condition, bien sûr, qu'elles soient 100 % pures et naturelles.

Grâce à leurs principes actifs étonnants, les huiles essentielles protègent les cellules de l'épiderme, fortifient, raffermissent, tonifient et aseptisent la peau, évitant ainsi un vieillissement précoce. Pour ceux d'entre nous dont la peau commence à se rider, à sécher, les huiles essentielles qui revitalisent les cellules, agissent à la façon d'une véritable cure de Jouvence. Quotidiennement utilisées en soins de beauté, elles aident à lutter contre tous les effets de la sénescence

4. Huile essentielle botaniquement et biochimiquement définie.

cutanée. Vous pourrez enfin profiter d'une peau tonique, ferme, souple, lumineuse et douce à la fois. En fonction de votre peau, choisissez les huiles essentielles qui vous conviendront le mieux.

CHOISIR L'HUILE ESSENTIELLE QUI CONVIENT LE MIEUX	
Bois de rose	Excellent tonique pour les peaux fragiles et sensibles (visage, seins, mains), cette huile essentielle est aussi antirides, raffermissante et apaisante.
Camomille	Il faut à peu près 100 kg de fleurs séchées pour obtenir à peine 1 kg d'essence, d'où un prix de revient très élevé. Sa belle couleur bleue de départ devient verte au fil du temps. À conseiller comme décongestionnant pour les peaux souffrant de dermatoses, dartres, eczémas.
Carotte	Son huile essentielle est à utiliser pour toute huile bronzante. Protège la peau des morsures du soleil. Nutritive et raffermissante, c'est un antirides parfait.
Cèdre	Sous forme d'huile essentielle, cet arbre sacré constitue un excellent atout pour notre épiderme : cicatrisant, antirides, antiseptique, il combat les pellicules et la séborrhée et resserre les pores (idéal pour les peaux grasses).
Ciste	Une tonne de plante donne un litre d'huile essentielle. C'est une huile au pouvoir cicatrisant extraordinaire. Astringent et antihémorragique, on l'utilisera avec succès dans les problèmes de gerçures, vergetures et rides.
Citron	D'origine asiatique, le citronnier est présent sur tout le pourtour du bassin méditerranéen. L'essence s'obtient par expression de la partie externe du péricarde. Pour obtenir 1 kg d'huile essentielle, près de 3000 citrons sont nécessaires. Souvent utilisée dans les produits de beauté pour combattre la séborrhée, elle prévient également la formation des rides.
Cyprès	Comme le citron, nous le retrouvons tout autour de la Méditerranée. Par distillation de jeunes rameaux, on obtient 1 kg d'essence pour 100 kg. Astringent, c'est également un excellent tonique veineux.
Géranium	Choisissons l'huile essentielle géranium rosat des *Pelargonium, asperum* et *graveolens.* Obtenue par distillation, cette essence d'un prix de revient élevé nécessite 300 kg de plante pour en obtenir 1 kg. Souvent incolore, son odeur forte est cependant très agréable. Vous utiliserez l'huile essentielle de géranium pour ses propriétés astringentes, antiseptiques, raffermissante, antimycosiques, cicatrisantes et toniques, rajeunissante et antirides.

CHOISIR L'HUILE ESSENTIELLE QUI CONVIENT LE MIEUX	
Hélichryse	Originaire du bassin Méditerranéen, l'huile essentielle d'hélichryse est un anti-inflammatoire et un fluidifiant sanguin. Elle est surtout précieuse dans le traitement de la couperose, des varicosités et de l'acné rosacée. Elle fait merveille également pour effacer les bleus, et constitue une bonne arme anticellulite.
Laurier	Courant dans le sud de la France et au Maroc, toutes les parties de cet arbre (feuilles, rameaux, tronc...) contiennent de l'huile essentielle. Anti-infectieux (acné, soins de la peau) et antidégénérescence, il constitue un excellent moyen de combattre le vieillissement prématuré au niveau de la peau.
Lavande	Originaire de Perse, la lavande pousse aujourd'hui dans de très nombreux pays puisqu'elle se retrouve jusqu'en Norvège ; néanmoins, celle du midi de la France reste la plus prisée. Généralement, l'essence commercialisée provient du lavandin dont les rendements sont près de 6 fois supérieurs à ceux de la lavande vraie ; à ne pas confondre. En cosmétologie, l'huile essentielle s'utilise pour ses vertus antiseptiques, adoucissantes, hydratantes, assouplissantes, régulateur cellulaire, anti-inflammatoires et cicatrisantes et pour combattre toutes allergies cutanées. Très efficace contre acné, couperose, eczéma, brûlures, piqûres d'insectes et coups de soleil.
Lemon grass	Herbe vivace d'Afrique, d'Asie ou des pampas brésiliennes, le lemon-grass donne par distillation une huile essentielle dont l'odeur et la saveur rappellent fortement celles du citron. Suivant la saison, il faut de 30 à 200 kg pour obtenir 1 kg d'essence. Elle est anti-inflammatoire, anti-infectieuse et calmante.
Orange	Comme le citronnier, l'oranger pousse dans toutes les régions tempérées. Cet arbre, qui peut atteindre 10 m de hauteur permet de préparer différentes essences, en fonction de la partie utilisée : les feuilles donnent l'huile essentielle « petit grain », les fleurs celle de néroli, les fruits, par expression mécanique du péricarde, l'huile essentielle d'orange. Antiseptique, astringente, tonique musculaire et nerveux, l'essence d'orange s'utilise très souvent en parfumerie et cosmétologie pour ses propriétés hydratantes, revitalisantes, antirides et rajeunissantes.
Romarin	Très répandu dans le Midi, ce petit arbuste toujours vert donne par distillation une essence généralement incolore d'odeur relativement forte et camphrée. N'hésitez pas à l'utiliser non seulement pour son parfum mais également pour ses vertus antiseptiques, cicatrisantes, stimulantes et tonifiantes. Elle fortifie l'épiderme et le rajeunit.

CHOISIR L'HUILE ESSENTIELLE QUI CONVIENT LE MIEUX	
Rose	Sur les milliers d'espèces hybrides connues, seules trois variétés sont cultivées pour leur essence. Obtenue par enfleurage, la véritable huile essentielle de rose, de par son rendement, atteint des prix élevés. De couleur jaune pâle, épaisse, elle possède une odeur forte, agréable mais enivrante. Elle est adoucissante, astringente, cicatrisante, fortifiante et tonique.
Santal	Originaire d'Inde, cet arbre toujours vert permet par distillation de son bois et de ses racines d'obtenir une essence jaune, épaisse, d'odeur très caractéristique, aux propriétés antiseptiques, astringentes, stimulantes et toniques, raffermissantes et régénérantes.
Sarriette	Plante répandue dans le Midi où elle voisine dans les garrigues avec le thym et le romarin, la sarriette donne par distillation une huile essentielle fortement cicatrisante.
Sauge	Sans doute la plante aromatique la plus répandue dans nos jardins, sans doute grâce à sa facilité d'adaptation. Par distillation de ses feuilles et sommités fleuries, la sauge donne une essence d'une couleur jaune à l'odeur très pénétrante nécessitant 30 à 100 kg de matière première/kg. Elle est astringente, cicatrisante et désinfectante ; elle régule et rééquilibre les peaux grasses.
Thym	Arbrisseau poussant dans les rocailles méditerranéennes, le thym donne par distillation à la vapeur d'eau une essence épaisse, grasse, de couleur assez foncée et d'odeur forte. Très intéressante pour son action antiseptique, bactéricide, cicatrisante et stimulante de la circulation périphérique.
Verveine	Originaire d'Inde et répandue aujourd'hui dans nos régions, la verveine donne par distillation une huile essentielle calmante et parasiticide.
Ylang-ylang	Arbre d'origine orientale, l'ylang-ylang donne par distillation à la vapeur d'eau de ses fleurs une essence agréablement parfumée. L'essence d'ylang-ylang décontracte les tissus cutanés et atténue les rides ; elle est aussi anti-inflammatoire, bronzante, antiseptique et cicatrisante. Elle lutte efficacement contre la chute des cheveux et tonifie les ongles.

Attention, certaines huiles essentielles peuvent se révéler dermocaustiques : huile essentielle de thym, sarriette, clou de girofle, bay Saint-Thomas, cannelle, sapin, niaouli, origan, menthe poivrée. Faire attention aussi à la menthe poivrée qui provoque au niveau de la peau une réaction assez désagréable.

En règle générale, n'appliquez jamais les huiles essentielles pures sur la peau (sauf cas précis), diluez-les toujours avant dans une huile végétale. De même, avant de vous exposer au soleil, évitez les produits contenant des huiles essentielles d'agrumes qui sont photosensibilisantes : huile essentielle de citron, verveine, mandarine, bergamote, orange, clémentine, pamplemousse.

Pour plus de sécurité, nous ne les utiliserons pas dans les recettes présentées dans cet ouvrage.

Les huiles essentielles ne peuvent se préparer dans le cadre d'une fabrication familiale. Vous les achèterez 100 % pures et naturelles en magasins de diététique ou directement chez les producteurs.

c) Les fruits et les légumes

Produits de beauté universels, ils font profiter notre épiderme de leurs vitamines, sels minéraux et enzymes, ils la rafraîchissent et la revitalisent ; vous serez conquis rapidement par leurs qualités embellissantes. Vous les avez toujours sous la main, à votre disposition, prêts à être transformés en un clin d'œil en un masque nourrissant et décongestionnant. Il suffit de les réduire en purée, de les couper en rondelles ou de les râper.

Vous utiliserez aussi leur jus, extrait au presse-fruits pour les agrumes, à la centrifugeuse pour les autres, et vous l'incorporerez à un masque, une lotion ou un gommage. Quant à l'eau de cuisson de certains légumes, ne la jetez pas ; elle fera merveille en compresses ou en lotions pour la peau délicate du visage. Vous emploierez bien entendu uniquement des fruits et légumes de culture biologique, c'est-à-dire non pollués par des engrais chimiques et pesticides de synthèse de toutes sortes, car vous feriez plus de mal que de bien à votre peau.

Ces différentes préparations à base de fruits et légumes ne se conservent pas : ne préparez que la quantité nécessaire à une seule application.

LISTE DES PRINCIPAUX FRUITS ET LÉGUMES UTILISÉES EN COSMÉTIQUE	
Abricot	Tonifiant, nourrissant, adoucissant, apaisant, il régénère la peau.
Amande	Adoucissante, rafraîchissante, nettoyante (toutes peaux).
Ananas	Nourrissant, rafraîchissant, hydratant (peaux grasses, pores dilatés).
Avocat	Cicatrisant, adoucissant, nourrissant (peaux sèches et déshydratées).
Banane	Nourrissante.
Carotte	Entretient la souplesse de l'épiderme, calme les démangeaisons, astringente, rajeunissante, adoucissante, cicatrisante, revitalisante, nourrissante, décongestionnante, favorise le bronzage.
Céleri	Émollient, adoucissant, raffermissant.
Cerise	Désinfectante, raffermissante (peaux flétries, fatiguées, ternes).
Citron	Tonique, microbicide, astringent, antiseptique, revitalisant, le citron éclaircit le teint, atténue les taches de rousseur et les taches de vieillesse, prévient l'apparition des rides et fortifie les ongles.
Concombre	Adoucissant, tonique, décongestionnant, antirides, atténue les taches de rousseur, réhydrate et assouplit la peau, resserre les pores dilatés.
Courge	Adoucissante, hydratante, émolliente.
Cresson	Tonifiant, assouplissant, décongestionnant, il fortifie les cheveux dont il stoppe la chute et a un bon effet sur les cernes et les yeux gonflés.
Chou vert	Cicatrisant (pour les peaux grasses).
Épinard	Astringent, nourrissant, tonifiant, cicatrisant (peaux irritées et acnéiques).
Fraise	Adoucissante, astringente, tonifiante, conserve la jeunesse de l'épiderme.
Framboise	Hydratante, agit efficacement sur l'élasticité de la peau (peaux fragiles).
Kaki	Adoucissant, rajeunissant.
Laitue	Émolliente, calmante, décongestionnante, adoucissante, astringente (peaux grasses, acnéiques).
Myrtille	Antirides.

LISTE DES PRINCIPAUX FRUITS ET LÉGUMES UTILISÉES EN COSMÉTIQUE	
Orange	Astringente, antirides et anticouperose (peaux délicates).
Pamplemousse	Astringent, apaisant, nourrissant, régénérant.
Pêche	Tonifiante, rafraîchissante, hydratante, embellit la peau (peaux sèches et fatiguées).
Poireau	Adoucissant, donne de beaux reflets aux cheveux bruns.
Pomme	Adoucissante, raffermissante, tonifiante, antirides.
Pomme de terre	Antiseptique, anti-inflammatoire, calmante, émolliente, antirides, décongestionnante, astringente, antibouffissures.
Prune	Astringente, raffermissante.
Raisin	Tonifiant, revitalisant, rajeunissant, adoucissant, rafraîchissant.
Tomate	Astringente (peaux grasses), antirides, elle raffermit les tissus distendus.

d) Les huiles végétales

Elles ont été sans conteste l'un des premiers produits de soin et de beauté de l'humanité, et ce à juste titre. Les récentes découvertes scientifiques nous permettent aujourd'hui de comprendre pourquoi et de leur rendre justice. Les Égyptiens, avec leurs onctions aux huiles parfumées, les Romains dans leurs thermes et leurs massages aux huiles d'olive et d'amande douce, les Africaines avec le beurre de karité dont elles s'enduisent cheveux et corps, les Tahitiennes avec l'huile de coco, ou les Chinoises, tous et toutes ont eu recours instinctivement aux vertus embellissantes et protectrices des huiles. Quel dommage que les industriels de la cosmétologie n'y aient recours qu'épisodiquement et qu'ils n'emploient que des huiles de qualité inférieure, le plus souvent raffinées !

Grâce à elles, nous allons pouvoir nous constituer un arsenal de beauté simple, naturel et efficace qui remplacera avantageusement n'importe quel produit de beauté du commerce courant. Pour profiter de leurs propriétés bienfaisantes, plusieurs manières de procéder sont à notre disposition :

➠ *Massage ou onction :* (visage, corps, cheveux) avec une huile pure et unique, très bénéfique car chaque huile apporte à elle seule un véritable soin de l'épiderme ; vous choisirez celle qui vous convient le mieux dans la liste ci-dessous, en fonction des besoins de votre peau.

➠ *Massage :* avec une huile dans laquelle ont macéré des plantes exposées pendant un certain temps au soleil et dont les propriétés s'ajouteront à celles de l'huile.

➠ *Produit démaquillant :* toute huile constitue un excellent « lait » démaquillant.

➠ *En mélange :* avec divers autres éléments pour la fabrication de masques, crèmes.

Vous n'hésiterez pas, selon vos goûts et l'état de votre épiderme ou de vos cheveux, à remplacer une huile végétale par une autre dans l'élaboration de vos recettes. L'utilisation régulière de ces huiles ne peut que vous satisfaire pleinement, à condition toutefois de respecter certaines conditions. Les huiles doivent :

➠ Être de première pression à froid, non raffinées, ni oxydées (bannir les huiles rances), ni acides.

➠ Être conservées à l'abri de la lumière, dans des bouteilles en verre opaque si possible.

➠ Ne pas être souillées par des produits chimiques (agriculture).

➠ Être pures, ni mélangées ni coupées d'autres produits.

Grâce à leurs actions adoucissantes, assouplissantes, tonifiantes et régénérantes de l'épiderme, elles protègent la peau en reconstituant le film lipidique, protecteur, et la préservent du vieillissement prématuré en lui assurant souplesse, tonicité et douceur. Elles sont, ne l'oublions pas, un des rares produits à pénétrer l'épiderme et le derme en profondeur et jouent un rôle de tout premier ordre dans la protection et l'hydratation de la peau grâce, en particulier, à leurs acides gras essentiels. Soulignons que ces acides gras, absorbés par voie interne, ont également une action intéressante sur la peau.

Les huiles végétales n'ont certainement pas encore livré tous leurs secrets, car peu d'études très poussées ont été faites. Seules les huiles de jojoba, de rose musquée, d'onagre et de bourrache ont réellement été étudiées et testées.

Utilisez-les en alternance pour bénéficier au mieux de leurs propriétés.

LISTE DES PRINCIPALES HUILES UTILISÉES EN COSMÉTIQUE	
Amande douce	Originaire d'Asie où elle fut cultivée pendant des millénaires, l'amande, ou *Prunus amygdalus,* est depuis le Moyen Âge présente sur tout le pourtour du bassin méditerranéen. Pressée, elle donne une huile peu colorée, fluide, et d'un goût très doux. Riche en acides gras insaturés, elle contient des vitamines A, D (traces) et E. L'huile d'amande douce possède de nombreuses vertus qui justifient son emploi fréquent en cosmétologie : assouplissante, adoucissante, nourrissante, émolliente, fortifiante, elle calme les démangeaisons, active la guérison des dermatoses, des brûlures superficielles et des inflammations, aide à chasser les pellicules. Elle fait merveille pour la toilette délicate des bébés, le démaquillage des peaux fragiles et très sèches qu'elle tonifie, et dans tous les soins du corps et du visage. Efficace également pour enrayer les gerçures douloureuses des seins et les crevasses des mains.
Argan	Issue de l'arganier, cette huile nous vient des monts de l'Atlas où ses propriétés thérapeutiques, culinaires et cosmétiques sont connues depuis des siècles. Raffermissante, adoucissante, assouplissante et cicatrisante, l'huile d'argan fera merveille sur les peaux très sèches, déshydratées, ridées prématurément, de même que sur les gerçures, brûlures et cicatrices. Elle fera briller vos cheveux, les fortifiera et redonnera du tonus aux ongles cassants.
Avocat	Obtenue à partir de la pulpe du fruit *Persea gratissima,* l'huile d'avocat possède un pouvoir pénétrant exceptionnel et est totalement absorbée par la peau sans laisser aucune sensation de gras. Elle contient des vitamines A, B, C, D, E, PP et de la lécithine et possède des propriétés adoucissantes, protectrices, régénérantes, fortifiantes. Elle préserve l'épiderme délicat du visage des agressions extérieures (rayons solaires, vents desséchants, froid). On l'utilisera avec succès dans tous les soins de beauté du visage (peaux ridées, desséchées) au niveau des zones fragiles (cou, contour des yeux), pour les mains sèches (crevasses, gerçures), pour les cheveux secs et ternes auxquels elle redonne éclat et souplesse en onctions et aussi pour les peaux vergeturées.
Bourrache	Exceptionnellement riche en acides gras polyinsaturés (acide gamma-linolénique 22 %) et en vitamines A, D, E, K, elle prévient l'apparition du vieillissement cutané en régénérant l'épiderme et en lui redonnant souplesse, élasticité, vitalité et tonicité grâce à son action structurante sur les fibres de collagène, surtout pour les peaux sèches, dévitalisées, fatiguées.

LISTE DES PRINCIPALES HUILES UTILISÉES EN COSMÉTIQUE	
Calophylle	Le calophylle inophyle est un arbre de la famille des guttifères pouvant atteindre 20 m de hauteur. Ses fruits contiennent des amandes qui donnent par pression à froid une huile jaune foncé dont l'odeur rappelle celle de la noix. Anti-inflammatoire, régénérante, elle rendra service aux peaux très sèches, ridées, dévitalisées, et leur redonnera souplesse et élasticité. De même dans le traitement pour les vergetures, la couperose et les problèmes circulatoires.
Coco	Tirée de la pulpe de noix de coco, elle est célèbre chez nous grâce au fameux monoï tahitien (huile de coco dans laquelle macère une fleur de tiaré). Très utilisée également en Inde pour le massage des bébés. L'huile de coco est adoucissante, rafraîchissante, calmante, hydratante et tout spécialement recommandée comme protection solaire ainsi qu'en après-soleil pour ses effets apaisants. On l'utilisera dans les soins des cheveux secs pour les revitaliser et en favoriser la pousse, dans les soins du corps car elle empêche le dessèchement de la peau, pour tous massages, bains...
Germe de blé	Il faut 15 t de graines de blé pour obtenir 1 l d'huile épaisse et de couleur jaune brun. Très riche en acides gras insaturés, elle renferme également des vitamines A, D et E et joue un rôle d'antioxydant pour la vitamine A. Antiride et adoucissante, elle nourrit, régénère et protège les peaux déshydratées ; elle est particulièrement recommandée pour les crevasses, engelures, dartres. Rancit facilement.
Jojoba	Extraite des graines d'un arbuste surnommé aussi « noisetier sauvage », originaire des déserts d'Amérique du Sud (Arizona, Mexique), l'huile de jojoba est plus précisément une cire liquide. Utilisée par les Indiens depuis des siècles pour ses vertus curatives (cicatrisantes...) et embellissantes. Redécouverte récemment, elle fait son entrée dans un grand nombre de produits cosmétiques car on s'est aperçu qu'elle remplaçait admirablement le spermaceti (ou blanc de baleine) contenu dans la boîte crânienne du cachalot. Quand on sait que le cachalot est une espèce en voie de disparition, on aimerait, comme pour l'huile de macadamia, que l'usage en devienne général le plus rapidement possible. Sa richesse en insaponifiables lui confère toute une pléiade de qualités et une vaste sphère d'action au niveau des cheveux et de la peau. Elle fortifie les cheveux, les rend plus épais, leur donne brillance et souplesse, favorise leur repousse, enraye leur chute et les embellit ; elle rééquilibre les cheveux gras en normalisant leur production de sébum et revitalise les cheveux secs et cassants.

LISTE DES PRINCIPALES HUILES UTILISÉES EN COSMÉTIQUE	
Jojoba (suite)	Au niveau de l'épiderme, elle régule le flux de sébum des peaux grasses et peut donc être employée avec succès contre l'acné. Elle est aussi hydratante, assouplissante, adoucissante, revitalisante, et elle nourrit le derme en profondeur. Pourvue naturellement d'un filtre solaire d'indice de protection 5, elle vous protégera et facilitera le bronzage lors d'expositions au soleil. Idéale aussi pour ses qualités antisénescence puisque l'huile de jojoba active le métabolisme de l'élastine et freine la perte d'eau dans les cellules, deux facteurs qui contribuent à maintenir la souplesse, l'élasticité et la jeunesse de la peau. Utilisez-la fréquemment pure, en lieu et place de votre crème de jour ou de nuit, en alternance avec l'huile de rose musquée, comme démaquillant pour les yeux, le visage et le cou. Elle pénètre parfaitement à travers l'épiderme sans sensation de gras. Cette huile n'est pas sujette au rancissement et sa conservation est illimitée.
Macadamia	Extraite de la noix du *Macadamia intergifolia,* originaire d'Australie et introduite à Hawaii en 1881, cette huile est riche en acide palmitoléique dont l'un des rôles est la protection des cellules. Nourrissante, hydratante, assouplissante, protectrice, apaisante et adoucissante, nous utiliserons l'huile de macadamia pour les soins des peaux fragiles, en cas de crevasses, engelures, gerçures, lors d'expositions au soleil (pendant, après), pour le traitement des vergetures, cicatrices et aussi pour venir à bout de divers problèmes du cuir chevelu et des cheveux. Cette huile pénètre parfaitement la peau et est souvent utilisée en cosmétique comme substitut de l'huile de vison, ce qui, nous le souhaitons vivement, se généralisera rapidement pour éviter la souffrance de ces petits animaux.
Noisette	Dite aussi huile d'aveline, elle est extraite des graines du noisetier *Corylus avellana* et possède une belle couleur jaune ambrée, délicieusement parfumée. Ses qualités sont pratiquement identiques à celles de l'huile d'amande douce avec, en plus, un pouvoir supérieur de pénétration. Appliquée sur la peau, elle pénètre rapidement, ne laisse pas d'impression de gras et peut donc être utilisée sur le visage pour la journée. Elle contient des vitamines A et E et des acides gras insaturés. Conseillée pour la toilette des bébés, elle se révèle remarquable pour désincruster l'épiderme et le débarrasser de ses points noirs (peaux grasses) ; elle est également recommandée pour les peaux sensibles, couperosées, en raison de ses propriétés protectrices, nutritives, assouplissantes, hydratantes et raffermissantes. Attention, elle rancit facilement !

LISTE DES PRINCIPALES HUILES UTILISÉES EN COSMÉTIQUE	
Noyaux d'abricot	Extraite des amandes contenues dans les noyaux d'abricot, cette huile était connue et utilisée depuis fort longtemps par les Hounzas. Très riche en vitamine A et E ainsi qu'en acide linoléique, elle est nourrissante, hydratante, assouplissante, revitalisante, tonifiante, adoucissante. Nous la recommanderons particulièrement dans les soins du visage, pour les peaux dévitalisées, flétries, abîmées ; vous l'utiliserez le matin et le soir en remplacement d'une crème de jour ou de nuit car très pénétrante, l'épiderme l'absorbe complètement. L'huile de noyaux d'abricot régénère l'épiderme, retarde les effets du vieillissement cutané et redonne du tonus aux peaux atones et fatiguées. Également très bonne protection solaire.
Olive	Importé d'Asie centrale, l'olivier ou *Olea europea* est aujourd'hui répandu sur tout le pourtour du bassin méditerranéen, en Afrique du Sud et en Amérique centrale. L'huile obtenue par pression des fruits arrivés à maturité est limpide, de couleur jaune, tirant plus ou moins sur le vert. Riche en vitamines A, D, E, c'est une excellente base pour obtenir des macérations de plantes. Nourrissante, pénétrante, émolliente, adoucissante, calmante, rafraîchissante et cicatrisante, nous l'utiliserons en onctions sur les cheveux fragiles et secs qu'elle tonifiera, en bain pour les mains sèches et ongles cassants, et sur tout le corps en massage… grâce également à son prix de revient peu élevé qui nous en facilite l'utilisation abondante. Elle est recommandée pour les irritations de l'épiderme (dartres, gerçures) et pour la protection contre les rayons solaires.
Onagre	Obtenue à partir des graines d'onagre *Oenothera biennis* ou primevère du soir, originaire d'Amérique du Nord, l'huile d'onagre était déjà bien connue des Indiens qui l'utilisaient pour se soigner. Très riche en acides gras polyinsaturés (gamma-linolénique et linoléique) ainsi qu'en vitamines A, D, E, elle possède au niveau de la peau une action régénérante, restructurante, antisénescence et antirides. On observe effectivement lors d'applications régulières un ralentissement du processus de vieillissement cutané dû à son action restructurante des fibres de collagène. Recommandée pour les peaux dévitalisées, sèches, en prévention des rides et aussi pour les atténuer.
Ricin	Originaire d'Afrique tropicale, elle est extraite des graines de ricin, appelé *Palma Christi* en Guyane et *Karapaté* aux Antilles et contient 86 % d'acide ricinoléique. Cléopâtre, dit-on, l'utilisait comme démaquillant ; alors n'hésitez pas à faire comme elle, car cette huile est pleine de qualités pour notre peau et nos phanères.

LISTE DES PRINCIPALES HUILES UTILISÉES EN COSMÉTIQUE	
Ricin (suite)	Elle fortifie les ongles (bain), fait pousser les cheveux et les cils (en massage), traite, régénère et réhydrate les cheveux abîmés et maltraités par les permanentes, décolorations…, soigne les irritations des yeux (quelques gouttes dans l'œil), est très efficace pour toutes les affections de la peau par ses effets adoucissant et cicatrisant (cataplasmes pour furoncles, abcès, crevasses, cors) et fait disparaître les taches brunes sur les mains. Excellente comme démaquillant du visage et des yeux, elle vous fera la peau douce et satinée et des cils longs et fournis. Attention, elle rancit ; conservez-la six mois maximum, à l'abri de la lumière.
Rose musquée	De la famille de l'églantine, une des très nombreuses espèces de rosacées, la rose musquée *(Rosa mosqueta)* pousse à l'état sauvage en Amérique et plus particulièrement au Chili et dans les Andes. Son huile, obtenue à partir de ses graines, contient 80 % d'acides gras polyinsaturés dont l'équilibre entre l'acide linoléique et l'acide alpha linolénique est assez exceptionnel ; ces deux acides sont indispensables à la régénération et à la restructuration cellulaire et à la bonne souplesse des parois cellulaires. Des recherches approfondies, suite à certains résultats inexplicables sur des cicatrices et des brûlures, ont mis à jour la présence d'acide transrétinoïque ou rétinol ou encore vitamine A acide à l'intérieur de cette huile. Cet acide, forme extrêmement active de la vitamine A, utilisé fréquemment en dermatologie pour ses qualités de raffermissement cellulaire ainsi que dans les cas d'acné et autres problèmes cutanés, est assez difficile à manipuler car source d'irritations, d'allergies assez importantes (d'après de nombreux dermatologues la seule crème qui aurait des résultats réels sur les rides serait une crème vendue uniquement sur ordonnance contenant cet acide). Or dans ce complexe naturel de l'huile, il agirait bénéfiquement sans développer les aspects négatifs et c'est ce qui expliquerait son efficacité sur les rides, les cicatrices, les vergetures et la régénération de la peau. Les nombreuses recherches et essais entrepris laissent apparaître qu'après applications régulières d'huile de rose musquée, quelles que soient les cicatrices (suite d'opérations chirurgicales, brûlures, accident, hypertrophiées, hyperchromiques), la peau retrouve une texture et une coloration naturelle, il y a atténuation des rides et même disparition des rides superficielles, ainsi que l'arrêt de leur progression sur les peaux prématurément ridées surtout sur les rides dues au photovieillissement.

LISTE DES PRINCIPALES HUILES UTILISÉES EN COSMÉTIQUE	
Rose musquée (suite)	La peau retrouve un aspect frais avec une bonne tonification et une meilleure hydratation (très bons résultats sur les peaux très sèches et ridées), de nombreux problèmes dermatologiques sont améliorés et disparaissent à la longue : eczéma, psoriasis, acné, couperose, esquarres, vergetures…, les tissus altérés après traitement aux rayons sont régénérés. L'huile de rose musquée, à l'inverse de nombreux produits cosmétiques, ne gomme pas les défauts superficiellement, mais agit en profondeur par apport d'éléments essentiels indispensables à la peau. Si vous l'employez régulièrement en cures (3 semaines tous les 2 mois par exemple), vous bénéficierez réellement d'un produit de beauté complet qui jouera pleinement son rôle de prévention ou (et) de soin. Crème de jour ou de nuit selon l'état de la peau, huile de massage pour le visage ou en applications sur certaines parties à problèmes (vergetures, cicatrices, irritations), cette huile permettra à votre épiderme de se régénérer en douceur et en profondeur. Très bien absorbée, l'huile de rose musquée ne laisse aucune sensation de gras.
Sésame	D'origine indienne, le sésame ou *Sesamum indicum* est une plante herbacée de plus d'un mètre de hauteur. Les graines enfermées dans des capsules (chacune d'elles contient plus de 200 graines) sont pressées, après triage, pour donner une huile claire, douce et d'un goût très fin. Très pénétrante, elle régénère l'épiderme et le protège contre les agressions extérieures (vent, rayonnement ultraviolet, froid). On l'emploiera principalement dans la préparation d'huiles solaires et d'huiles de massage pour le corps en association avec des huiles essentielles et pour nourrir les cheveux secs et cassants. Comme l'huile d'olive, de par son prix de revient peu élevé, elle permet une large utilisation dans les soins du corps et comme base d'huiles aux plantes.
Tournesol	Largement cultivé pour ses graines oléagineuses, le tournesol ou *Helianthus annuus* donne une huile particulièrement fruitée et d'un jaune plus ou moins pâle. Riche en vitamine E, elle est nourrissante, assouplissante, adoucissante. La moins chère des huiles végétales, elle sera donc très prisée dans tous les soins du corps (massages en particulier) et comme support d'huiles parfumées.

e) Les autres produits

LISTE DES AUTRES PRODUITS UTILISÉS EN COSMÉTIQUE	
Arbre à peau	Utilisé dès le xe siècle par les Mayas, le tépezcohuité ou *Mimosa termiflora* fut redécouvert par un ingénieur, Léon Roque, voici plus de soixante ans, pour le pouvoir extraordinaire de son écorce réduite en poudre à traiter les brûlures importantes de 2e et 3e degré avec cessation de douleurs et reconstitution intégrale des tissus. Des recherches ont mis en évidence la présence de nombreux principes actifs qui expliqueraient ses réelles vertus : les flavonoïdes (indispensables à la protection du collagène garantissent une bonne hydratation de l'épiderme) ; les tanins resserrent les pores de la peau et leur assurent finesse et souplesse ; les oligoéléments, zinc, cuivre, fer et magnésium, stimulent la régénération des tissus lésés ; un composé analgésique favorisant la sédation de la douleur, et des composés antibiotiques bactériostatiques évitant toute infection. Malheureusement, malgré toutes ses vertus thérapeutiques concernant les grands brûlés, il semble que la médecine ne soit que peu intéressée... La cosmétologie, quant à elle, a tout de suite compris le parti qu'elle pouvait tirer d'un produit qui non seulement resserre les pores de la peau, mais également s'oppose à son vieillissement par élimination des radicaux libres et la protège de toute agression microbienne. Soit on utilise la poudre 100 % pure saupoudrée directement sur les brûlures, écorchures, irritations, boutons, soit on l'incorpore à des masques, soit on la trouve en petites quantités comme principe actif de certaines gammes de produits naturels.
Argile	Matière première peu onéreuse et d'emploi facile, l'argile vous permettra, en l'espace de quelques secondes, de vous fabriquer d'excellents cosmétiques d'une grande efficacité et au rapport qualité/prix imbattable. Si ses propriétés sont innombrables : antiseptique, bactéricide, anti-inflammatoire, reminéralisante, protectrice, cicatrisante, désinfectante, adoucissante, désincrustante, l'argile possède aussi des facultés : d'absorption qui lui permettent de nettoyer la peau en profondeur en éliminant les poisons d'origine exogène ainsi que les toxines sécrétées par le corps lui-même ; d'adsorption, car elle accumule en surface les éléments toxiques puisés dans notre organisme (boutons purulents, plaies infectées) ; de reminéralisation, car elle laisse pénétrer dans l'épiderme des oligoéléments qu'elle contient.

LISTE DES AUTRES PRODUITS UTILISÉS EN COSMÉTIQUE	
Argile (suite)	Elle protège aussi les muqueuses et l'épiderme tout en nettoyant les tissus lésés et malades, régularise le pH et régénère les tissus. En cosmétologie toutes ses propriétés agissent en profondeur, et aucune réaction de type allergique n'est à redouter. L'argile nettoie la peau et laisse dessus un film protecteur. L'épiderme, purifié, tonifié, et les peaux mortes éliminées, retrouve très vite son éclat et sa douceur par l'apport d'oligoéléments et de minéraux. Ce sont surtout les peaux grasses et normales qui seront les premières bénéficiaires de l'argile verte, principalement en masques, crèmes, bains et gommages. Pour les peaux sèches, nous utiliserons de préférence l'argile blanche, plus douce. Pour tous les soins du visage, l'argile surfine est indispensable, mais pour le corps, les cheveux et les bains, de l'argile en poudre ou concassée est suffisante. Au niveau du cheveu, l'argile le tonifie, le fortifie, rééquilibre la production de sébum (conseillée pour cheveux gras) et leur donne du volume. L'argile verte est d'une grande efficacité en cas de problèmes dermatologiques (acné, points noirs, boutons, pour faire mûrir abcès et furoncles). L'argile gagnera toujours à être conjuguée à des huiles essentielles (elles décuplent son action) et des huiles végétales qui contrebalanceront son effet desséchant en apportant leurs qualités propres. Pour la dynamiser et augmenter son potentiel vital, vous l'exposerez avant utilisation quelques heures au soleil. Ne laissez jamais un masque ou un gommage à l'argile se craqueler sur la peau ; renouvelez le cataplasme ou éliminez-le dès que l'argile durcit. Conseils : ne réutilisez jamais une argile ayant déjà servi ; pour la préparation de vos cosmétiques à l'argile, employez uniquement des récipients en verre, porcelaine ou matière non oxydable, et utilisez de l'argile surfine.
Algues	De la plus petite (la spiruline) au varech envahissant, les algues sont un trésor que nous ne devons pas oublier. Premiers végétaux à avoir pu synthétiser la chlorophylle, elles se nourrissent en absorbant et concentrant l'ensemble des substances présentes dans l'eau de mer. Ainsi elles renferment pratiquement l'ensemble des minéraux, oligoéléments et vitamines dont nous avons besoin. Les algues sont depuis de nombreuses années utilisées en cosmétologie, sous forme de crèmes, masques et bains (action raffermissante et rajeunissante). Après une exposition prolongée au soleil, un bain aux algues vous évitera brûlures légères et démangeaisons. Vous pouvez également sur la plage, à condition d'avoir des algues propres, vous en recouvrir le corps et profiter de ce cataplasme rafraîchissant pendant 30 à 60 min. Elles sont reminéralisantes, relaxantes, apaisantes, tonifiantes et astringentes.

LISTE DES AUTRES PRODUITS UTILISÉS EN COSMÉTIQUE	
Benjoin	Appelé aussi « baume naturel », le benjoin est une résine aromatique très parfumée, opaque, jaunâtre ou rougeâtre tirée d'un arbre *(Styrax tonkinensis)* originaire d'Asie. Cette résine antiseptique, bactéricide et extrêmement astringente, se dissout en partie dans l'eau et s'achète en poudre ou en teinture. On l'utilise principalement pour ses qualités de conservation pour prolonger la vie des compositions cosmétiques. Le célèbre lait virginal était composé d'eau de rose (1/2 l) à laquelle on ajoutait 5 g de teinture de benjoin. Vous ajouterez pour conserver vos préparations une quinzaine de jours de la teinture de benjoin à raison de 5 % de la quantité totale.
Beurre de cacao	Matière grasse tirée des graines du cacaoyer, d'un blanc jaunâtre, peu soluble dans l'alcool, il sert d'excipient pour les crèmes de beauté. Émollient, il lubrifie la peau.
Beurre de karité	Corps gras traditionnel du Sahel africain, le beurre de karité est extrait de l'amande contenue dans son fruit et est utilisé depuis des siècles pour se nourrir, se soigner, masser les bébés, embellir sa peau et ses cheveux. Il contient des vitamines A, D, E, des acides gras essentiels dont 5 à 17 % d'insaponifiables, de l'allantoïne qui adoucit merveilleusement crevasses (allaitement), fissures, gerçures des lèvres et des mains. Il a sur l'épiderme une action antivieillissement de par ses qualités hydratantes, assouplissantes, régénérantes, rééquilibrantes. C'est un bon reconstituant cellulaire qui entretient l'élasticité cutanée, prévient les rides, protège la peau des agressions climatiques (vent, soleil, froid) et agit efficacement sur toutes les irritations de l'épiderme grâce à ses propriétés cicatrisantes, désinfectantes et apaisantes. On l'utilisera pour le corps et le visage, en particulier pour les peaux très sèches, pour les cheveux qu'il régénère et soigne surtout les cheveux abîmés par les permanentes, colorations à répétition, pour protéger l'épiderme lors d'expositions solaires, avant toute activité sportive pour échauffer les muscles et après pour les décontracter et les reposer. Le beurre de karité améliore l'aspect de la peau : il lui rend la souplesse, le tonus et la douceur qu'elle devrait avoir. Il améliore aussi l'état des vergetures et permet le massage des bébés. Une très petite quantité de beurre de karité que vous faites fondre doucement entre vos mains avant de l'appliquer est suffisante.
Cire d'abeille	Sécrétée par les abeilles pour confectionner les alvéoles dans lesquelles le miel va être élaboré, la cire d'abeille peut être utilisée telle quelle. De couleur jaune ou blanche, purifiée et oxygénée, elle est utilisée comme excipient des crèmes de beauté. Elle fond à la chaleur et se dissout dans les huiles, les graisses et les huiles essentielles.

LISTE DES AUTRES PRODUITS UTILISÉS EN COSMÉTIQUE	
Chlorure magnésium	Il stimule le tonus musculaire, prévient l'apparition de maladies de la peau et est très bénéfique en cas de problèmes dermatologiques. Vous l'utiliserez sous forme de solution que vous préparerez en diluant un sachet de chlorure de magnésium dans un litre d'eau. Peut remplacer l'eau dans vos préparations cosmétiques.
Gelée royale	Riche en acides aminés, lipides, glucides, vitamines B, C, E et en oligoéléments, elle a une action « antivieillissement ».
Lanoline	Matière grasse extraite de la laine du mouton et purifiée. Insoluble dans l'alcool, elle peut absorber deux fois son poids d'eau. Très facilement absorbée par la peau, elle sert d'excipient pour les crèmes. Attention, certaines personnes y sont allergiques. Faire un test auparavant derrière l'oreille ou sur le bras. Sa présence est obligatoirement signalée sur l'emballage.
Levure de bière	Elle contient des vitamines du groupe B, de nombreuses protéines et possède des vertus assainissantes et cicatrisantes.
Miel	Nourrissant, embellissant, rajeunissant, adoucissant, hydratant, il était déjà employé par les Égyptiens qui confectionnaient des masques pour le visage et des emplâtres pour les cheveux; au Maroc, un mélange de miel chaud et de citron remplace la cire dépilatoire, et nous ne comptons plus les shampooings, crèmes, savons et laits au miel de nombreuses gammes de beauté. Nous le réserverons plutôt pour les peaux sèches, normales ou irritées; il fait merveille pour faire disparaître les gerçures, crevasses et engelures et était dans les recettes de « bonne femme » utilisé comme thérapeutique dans le traitement des brûlures, plaies, ulcères en raison de ses propriétés antibactériennes, désinfectantes et antibiotiques.
Œufs	Utilisez bien entendu des œufs frais et de qualité biologique, entiers pour les peaux normales, le blanc uniquement pour les peaux grasses et le jaune pour les peaux sèches.
Plasma de Quinton	Eau de mer puisée en profondeur là où l'eau n'est pas polluée et préparée en milieu stérile, le plasma de Quinton est très riche en oligoéléments; il réhydrate l'épiderme et le reminéralise. Il remplace avantageusement l'eau dans vos préparations cosmétiques.
Produits laitiers	Que ce soit le lait ou ses dérivés (crème fraîche, fromage blanc, yaourt), tous ont des qualités précieuses en cosmétique et sont de remarquables produits de beauté dont les femmes ont toujours usé. Leur seul inconvénient : ils ne se conservent pas.

LISTE DES AUTRES PRODUITS UTILISÉS EN COSMÉTIQUE	
Produits laitiers (suite)	Aussi pour profiter pleinement de leurs propriétés adoucissantes, assouplissantes, désincrustantes, hydratantes et nourrissantes, vous ne préparerez que la dose nécessaire à l'application. Le lait est un merveilleux démaquillant qui nettoie la peau en douceur et désincruste les pores (pour toutes peaux) ; la crème et le fromage blanc sont plus indiqués pour les masques des peaux normales et sèches et le yaourt, par son effet astringent, pour les peaux grasses.
Propolis	Elle se présente sous l'aspect d'une cire produite par les abeilles. Elle est cicatrisante et antifongique.
Rassoul	Variété de terre argileuse, originaire des pays arabes, réputée pour ses propriétés esthétiques, le rassoul traite efficacement les cheveux gras en régulant la production de sébum, nettoie tous les types de cheveux en douceur (remplace avantageusement le shampooing), facilite le démêlage et embellit la chevelure en lui donnant du volume. À utiliser en cataplasmes sur les cheveux pour les laver ou dans la composition de masques et cataplasmes pour le corps.
Son	Enveloppe externe du blé, il fait la peau douce et lutte contre les inflammations.
Talc	Minerai pulvérisé, il se présente sous la forme d'une poudre blanche très fine et légère utilisée surtout pour les bébés (irritations des fesses, plis de la peau...). Absorbant épidermique très actif, connu depuis des siècles, le talc est aussi un isolant (isole et protège certaines parties du corps), un adoucissant, et il facilite le massage. Il est parfois incorporé aux poudres de maquillages (pastels et fards) et dans certains cosmétiques (produits solaires). Utilisez impérativement un talc pur (de Venise) sans addition de quelque produit que ce soit. Nombre de talcs composés sont responsables d'eczémas et autres problèmes ; rappelez-vous l'Hexachlorophène, responsable de la mort de nourrissons, heureusement interdit maintenant.
Vinaigre (cidre ou vin)	Très en vogue au début du siècle, on en préparait de toutes sortes pour le corps, le visage et les bains. Leur fabrication relevait de la macération de fleurs et plantes aromatiques dans le vinaigre et donnait des préparations exquisément parfumées. On s'en servait pour adoucir l'eau du bain, apaiser les douleurs musculaires, raffermir et nettoyer la peau, tonifier le corps, parfumer les mains. Par son acidité, il permet de réguler et de restaurer le manteau acide protecteur de la peau ainsi que son pH et celui du cuir chevelu, fortifie, adoucit, raffermit, tonifie et nettoie notre peau tout en activant la circulation.

LISTE DES AUTRES PRODUITS UTILISÉS EN COSMÉTIQUE	
Vinaigre (cidre ou vin) (suite)	De plus il a la faculté de dissoudre le calcaire de l'eau qui irrite notre peau, la dessèche et la durcit. On considère généralement le vinaigre de cidre meilleur pour les soins cosmétiques, peut-être parce qu'il contient de l'acide malique (acide de pommes). Il est également astringent.

CHAPITRE VII

La beauté au bout des doigts

1. Fabriquer soi-même ses cosmétiques

Prendre sa beauté en main en fabriquant soi-même ses cosmétiques est une garantie de qualité, d'efficacité et de plaisir. Pour répondre à notre souci de trouver des cosmétiques naturels réunissant un maximum de qualité, tout à la fois non testés sur les animaux, non polluants, ne contenant aucun produit chimique, d'un prix raisonnable et dotés de principes actifs réellement actifs, la meilleure solution est assurément celle qui consiste à confectionner soi-même ses préparations cosmétiques. Pour cela, rien de plus facile !

Les recettes abondent, et certaines très sophistiquées (rares il est vrai) exigent du temps et de nombreux ingrédients. Mais, la grande majorité ne nous demandera que quelques minutes et de la bonne volonté. Toutes les recettes qui suivent ont été testées et « pratiquées ». De plus, elles sont confectionnées avec des ingrédients naturels qui ont fait leurs preuves depuis fort longtemps : en thérapeutique comme dans la préservation de la beauté, leur efficacité ne peut être mise en doute. Elles profiteront à tous, hommes ou femmes. À vous simplement, au fil de votre apprentissage quotidien, de trouver celle qui vous convient le mieux, celle qui « vous colle à la peau », avec laquelle vous sentirez sans hésitation en connivence.

Les soins de beauté comprennent des pratiques élémentaires d'hygiène et de propreté et des soins d'entretien, de protection de la peau. En effet, un soin de beauté ne doit s'effectuer que sur une peau impeccablement propre : la priorité devra donc être donnée à la propreté, grâce à des ablutions, des bains, des laits démaquillants, des eaux florales, des masques, des saunas qui débarrasseront la peau de ses cellules mortes, nettoieront ses pores en profondeur afin de faire place nette pour les soins traitants suivants.

Ce n'est qu'une fois la peau parfaitement propre que l'on applique les soins de beauté proprement dits : crèmes, huiles, massages. Ils seront alors pleinement efficients, nourriront l'épiderme, permettront le renouvellement des cellules et leur régénération. Il faudra malgré tout patienter plusieurs semaines (parfois même des mois selon l'état de la peau) et appliquer ce traitement intensif régulièrement avant de prétendre à une peau ferme, douce, satinée et éclatante. Nettoyer, hydrater, tonifier, protéger, exfolier, régénérer au moyen de produits spécifiques adaptés à votre type de peau vont devenir les maîtres mots de ce programme beauté quotidien.

Nous ne pouvons répéter à chaque traitement proposé pour une peau donnée les conseils généraux déjà mentionnés. Ayez-les toujours présents à la mémoire :

➠ Les soins externes doivent toujours s'accompagner d'une alimentation saine et équilibrée, de la pratique d'un sport, d'un mental positif, d'un sommeil régulier et suffisant, de principes de vie saine.

➠ L'élimination de certains facteurs comme le tabac, l'alcool, le stress s'avère également indispensable.

Le matériel nécessaire à la préparation familiale des produits de beauté est extrêmement réduit : vous avez déjà tout ce qu'il vous faut dans vos placards de cuisine :

- 1 casserole en inox, émail ou porcelaine (jamais en fer, aluminium ou Téflon) pour préparer infusion, décoction et faire chauffer au bain-marie.
- 1 râpe pour découper fruits et légumes.
- 1 mortier ou mixer pour réduire en purée.
- 1 centrifugeuse pour obtenir jus de fruits et de légumes.
- 1 petit fouet pour émulsionner.
- 1 petite balance de précision.
- 1 passoire pour filtrer infusions, décoctions et macérations.
- 1 bol en terre, en verre ou en porcelaine.
- 1 presse-agrumes.
- Des récipients en verre de tailles et formes différentes pour conserver vos cosmétiques.
- Des cuillères en bois de différentes grosseurs, pour tourner et homogénéiser vos préparations.

Avertissement

En règle générale, dans les recettes citées dans cet ouvrage, vous ferez la distinction entre :

- ***Les préparations cosmétiques longue conservation :*** **préparées à partir d'huiles essentielles, huiles végétales, miel, graisse de coco, beurre de karité ou (et) vinaigre..., elles peuvent rester utilisables des mois selon les composants... à condition d'être conditionnées dans des pots de verre opaque à l'intérieur d'une armoire.**
- ***Les préparations à usage immédiat :*** **à base de fruits et légumes frais, pressés ou hachés, de produits laitiers (crème fraîche, fromage blanc...) ou d'œufs, vous les préparerez au moment de les utiliser (masques en particulier). Quant aux lotions obtenues à partir d'infusions de fleurs ou de plantes, vous pouvez les conserver quelques jours au réfrigérateur. Les proportions données sont de simples indications. Vous pouvez toujours, selon vos goûts, parfumer plus ou moins et, selon le problème à traiter, doser vous-même vos infusions, décoctions, macérations en variant les quantités de plantes, d'huiles essentielles...**

Ces ustensiles devant toujours être d'une propreté irréprochable, passez-les sous l'eau bouillante avant de les utiliser. Rincez-vous bien les mains chaque fois que vous manipulez de nouveaux produits, pour éviter, par exemple, que votre crème à la rose n'ait l'odeur du fenouil ou que le masque à l'orange ne sente le persil.

Utilisez une eau de source peu minéralisée en bouteille ou de l'eau de robinet (si elle est filtrée). Évitez l'eau de pluie jadis vantée pour ses vertus embellissantes, mais désormais polluée et acide, et les eaux calcaires qui irritent et durcissent l'épiderme.

Pour conserver plus longtemps toutes ces préparations, ajoutez-leur 2 à 4 g de teinture de benjoin.

2. Les soins du visage

Notre visage, comme nos mains, est la partie de notre corps la plus exposée ; en contact constant avec l'extérieur, elle est agressée en permanence par le froid, le vent, le soleil, la pluie, les pollutions (fumées d'usine, pots d'échappement) de toute nature et nous devons le protéger soigneusement sous peine de voir notre peau se dessécher, se déshydrater, en deux mots vieillir prématurément. Le problème n'est pas nouveau !

Les soins de la peau ont tout simplement pour objet la protection de sa structure, la préservation et l'activation de ses fonctions, bien entendu dans les limites physiologiques. Pour cela, nous avons à notre disposition des agents bénéfiques : l'eau, l'air, la lumière, la gymnastique et le massage nous permettent d'atteindre ce but, ainsi que toute une panoplie de produits cosmétiques : laits, lotions, crèmes, masques, huiles…

Les soins du visage consistent en un démaquillage rigoureux, matin et soir, dont le but est d'éliminer les salissures externes et les toxines sécrétées, les cellules mortes, les restes de maquillage, et de désincruster les pores au moyen d'un lait de toilette, puis d'une lotion (eau florale, infusion…) qui, tout en complétant le démaquillage, rafraîchira et tonifiera la peau. Arrivée à ce stade, votre peau, propre et nette, peut enfin respirer correctement. La pose d'une crème le matin pour protéger l'épiderme des agressions extérieures, empêche sa déshydratation et lui procure quelques éléments nutritifs ; la crème le soir, pour régénérer les cellules en profondeur en rétablissant leur équilibre, est nécessaire et parachève les soins quotidiens. Une huile de beauté pourra remplacer la crème par cure lors de baisse de tonus ou d'une fatigue extrême de la peau afin de la dynamiser et de la revitaliser. Pour une meilleure pénétration et une action plus intense et plus efficace des crèmes ou des huiles, n'oubliez pas de renforcer leur application par un massage facial qui stimulera et tonifiera votre peau.

Outre ces soins bijournaliers, votre peau a besoin de soins complémentaires tout aussi importants, même s'ils ne sont à pratiquer qu'une fois par semaine ou par quinzaine ; il s'agit des masques, des peelings ou gommages, des saunas ou bains de vapeur.

Bien sûr, ces soins, occasionnels ou quotidiens, doivent toujours être adaptés à votre type de peau et parfaitement acceptés et absorbés. Une peau luisante ou une peau complètement sèche après application montrent que l'on s'est trompé dans le choix d'une crème ou d'une huile.

Lors des soins du visage, ne pas oublier le cou dont la peau fine et délicate a besoin des mêmes attentions.

a) Nettoyer avec un lait de toilette

Le lait permet un nettoyage en douceur et en profondeur de l'épiderme. Il remplace le savon sans en avoir l'agressivité et, de par sa nature même, il va émulsionner et dissoudre les différentes impuretés grasses accumulées pendant la journée ou la nuit, qui empêchent la peau de respirer.

EN PRATIQUE :

➠ Verser un peu de lait sur les doigts et le passer sur la peau par de légères rotations en suivant le sens du massage (p. 138).

➠ Essuyer le surplus avec un mouchoir en papier.

➠ Rincer le visage à l'eau tiède au moyen d'une petite éponge, trois fois de suite.

➠ Sécher la peau délicatement et soigneusement avec une serviette éponge.

À SAVOIR :

➠ Ne jamais utiliser de coton sur la peau, ses fibres bouchent les pores et peuvent l'irriter.

➠ Rincer très soigneusement l'épiderme sous peine d'y laisser non seulement du lait mais aussi les saletés diluées qui risqueraient d'encrasser la peau.

➠ Ne jamais laver la peau du visage (et du cou) avec un savon. Le savon modifie le pH de la peau, la décape, la dessèche et détruit le film hydrolipidique de surface, excepté certains savons extra-doux et surgras.

Les laits de beauté

Ces laits ont l'avantage supplémentaire d'adoucir et d'assouplir votre peau. Trouver un lait naturel et efficace est plus que simple ; il en existe de tout prêts dans notre cuisine : de l'huile de noisette (peau grasse), de l'huile d'olive (toutes peaux), de l'huile d'amande douce (peau très sèche), du lait cru (peau normale), de la crème fraîche (peau sèche et normale), du lait de coco (toutes peaux), du lait d'amande (peau fragile), un blanc d'œuf (peau grasse), un jaune d'œuf ou un œuf entier (peau sèche ou normale).

Vous pouvez aussi en fabriquer d'excellents en ajoutant au moment même de leur utilisation à 1 petit verrre de lait cru : 1 cuill. soupe de purée de concombre (peau grasse et

mixte), 1 cuill. soupe de germes de blé, 1 cuill. soupe de purée d'avocat (peau sèche et normale), 1 cuill. soupe de jus de fruit ou d'infusion (au choix).
Vous obtiendrez aussi un lait démaquillant en mélangeant 1 jaune d'œuf avec 1 cuill. soupe d'infusion, eau florale ou jus de fruit adapté à votre peau.
L'eau de rose convient également fort bien comme démaquillant, principalement pour les peaux grasses.

Eau de rose

1/4 l d'eau de source.
1 grosse poignée de pétales de roses séchées.

Portez à ébullition l'eau. Jetez-y les pétales de roses et laissez infuser 30 min. Filtrez et conservez dans un flacon de verre. Choisissez de préférence des roses rouges très parfumées.

Cette eau a presque toutes les qualités :
- *Tonifiante :* elle revitalise l'épiderme, le rafraîchit en accélérant la circulation périphérique.
- *Astringente :* elle nettoie en profondeur les peaux grasses, resserre leurs pores dilatés et raffermit la peau.
- *Apaisante :* elle repose la peau, la parfume.
- *Désinfectante et cicatrisante :* son action sur les boutons n'est pas à dédaigner.

Lait démaquillant au concombre (peaux normales et grasses)

80 g de concombre.
15 cl de lait cru (de préférence).

Râpez le concombre. Mélangez-le au lait dans une casserole. Portez à ébullition 4 à 5 min. Laissez refroidir. Filtrez et versez dans une bouteille. Se conserve 8 jours au frais.

Lait démaquillant aux amandes (peaux sèches)

2 cuill. café de purée d'amandes (ou d'amandes pilées finement).
15 cl d'eau de rose (ou infusion au choix).
1 pointe de miel.
2 gouttes d'huile essentielle de géranium (facultatif).

Mélangez la purée d'amandes à l'eau de rose.
Filtrez puis ajoutez le miel.
Mélangez soigneusement.
Se conserve 8 jours au frais.

Lait démaquillant à la rose (peaux mixtes, normales et grasses)

20 cl de lait cru (de préférence).
1 poignée de pétales de roses (ou camomille ou violettes...).

Faites chauffer lait et pétales pendant 15 à 20 min en prenant soin que le mélange ne bouille pas.
Laissez refroidir. Filtrez et mettez en bouteilles.

Lait de coco (toutes peaux)

10 cl de lait de coco.
10 cl d'eau de rose.
1 cuill. café d'huile de ricin.
2 gouttes d'huile essentielle (au choix).

Mélangez soigneusement tous les ingrédients.

Lait démaquillant (peaux sensibles)

3 cuill. soupe de crème fraîche. 1 cuill. soupe d'huile de sésame ou d'onagre. 10 cl d'eau de fleur d'oranger ou d'hamamélis. 2 gouttes d'huile essentielle de petit grain bigaradier.	Mélangez ensemble tous les ingrédients et conservez dans un flacon au réfrigérateur.

Démaquillant pour les yeux

Huile d'amande douce ou de ricin.	Utilisez simplement ces huiles qui régénéreront aussi la peau fragile du contour des yeux ; la seconde fera pousser vos cils.

b) Stimuler et rafraîchir avec une lotion

Bien entendu choisie en fonction du type de peau, astringente pour les peaux grasses, et tonique et rafraîchissante pour les peaux sèches et normales, la lotion complétera le nettoyage du démaquillant.

Ses rôles, en plus des précédents, sont multiples : resserrer les pores dilatés, vivifier l'épiderme, tonifier la circulation sanguine, et restituer à la peau son milieu acide.

EN PRATIQUE :

➡ Imbibez de lotion un mouchoir en papier ou un tissu démaquillant.

➡ Tamponnez l'ensemble du visage et du cou, toujours selon le sens du massage (p. 138).

À SAVOIR :

➡ Vous pouvez aussi verser votre lotion dans un vaporisateur et ainsi la pulvériser directement sur la peau.

Les lotions

Innombrables, vous n'aurez que l'embarras du choix pour les fabriquer et trouver celle qui vous convient.

Toutes les plantes, parfois certains légumes ou fruits, peuvent être utilisés en eaux florales, infusions, décoctions, et aussi dans la composition de vinaigre en fonction de leurs qualités spécifiques.

Vous les préparerez pour la semaine et les conserverez au frais.

Eaux florales

2 à 3 cuill. soupe de fleurs choisies en fonction de la peau (rose, bleuet, coquelicot, fleur d'oranger, lavande, fleurs de sureau, souci, mauve, hamamélis, camomille...).
20 cl d'eau de source.

Portez l'eau à ébullition.
Ôtez du feu et jetez les fleurs.
Laissez infuser 10 à 15 min.
Versez dans un petit flacon et conservez au frais.

Eaux de cuisson

Certains légumes cuits dans un peu d'eau donnent d'excellentes lotions, en particulier la laitue, les haricots verts, les choux verts, les épinards, le cresson.

Infusions

2 à 3 cuill. soupe de plantes choisies en fonction de la peau (thym, romarin, genièvre, sauge, menthe, serpolet, guimauve, mélisse, verveine, hamamélis, tilleul, bardane, ortie, reine-des-prés, millepertuis...).
20 cl d'eau de source.

Procédez comme pour les eaux florales.

Les vinaigres

Couramment utilisés jusqu'au XVIIIe siècle pour les soins du visage, ils se préparent avec du vinaigre de vin ou de cidre (biologique) dans lequel on laisse macérer divers extraits végétaux (fleurs, écorces, résines, aromates...) pendant quelques jours.
Ils ont la double tâche de nous parfumer et de désinfecter notre épiderme. Nous les utiliserons à raison d'une cuillerée à soupe de vinaigre diluée dans 10 cl d'eau de source.
Également un excellent après-rasage.

Vinaigre rosat (peaux normales ou mixtes)

50 g de pétales de roses rouges séchées.
50 cl de vinaigre (de cèdre ou de vin).

Mettez à macérer les fleurs dans le vinaigre pendant 21 jours.
Filtrez. Conservez en flacons de verre bien bouchés.

Vinaigre pour peaux grasses

20 g de sauge.
20 g de menthe.
20 g de romarin.
20 g d'achillée mille-feuille.
50 cl de vinaigre.

Procédez comme précédemment.

Vinaigre fleuri (toutes peaux)

50 cl de vinaigre.
10 g de pétales de rose.
10 g de tilleul.
10 g de camomille.
10 de lavande.
10 g de mauve.
10 g de souci.

Procédez comme précédemment.

Les autres préparations

Lotion tonique (peaux normales et grasses)

1 citron.
1 orange.
20 cl d'eau de source.

Pelez le citron et l'orange et découpez les peaux finement. Jetez-les dans l'eau et laissez reposer toute la nuit. Filtrez et conservez dans un petit flacon. Il est très important d'utiliser des agrumes de culture biologique car vous risqueriez de souiller votre peau de résidus de traitements chimiques.

Eau de riz (peaux grasses)

1 cuill. soupe de riz blanc.
30 cl d'eau de source.

Faites cuire le riz dans l'eau bouillante 20 min. Filtrez, laissez tiédir.
Appliquez sur le visage, puis rincez à l'eau tiède.

Lotion fleurie (peaux sèches et irritées)

5 cl d'eau de rose.
5 cl d'eau de fleur d'oranger.
5 cl d'eau d'infusion d'hamamélis.
5 cl d'infusion de tilleul.
5 cl de jus de concombre.
5 gouttes d'huile essentielle de petit grain bigaradier dissoutes dans un peu de dispersant.

Versez tous les ingrédients dans un flacon et secouez-le quelques secondes.
Conservez au frais.

Lotion royale

15 g de pétales de roses rouges séchées.
15 g de pétales de lys blanc.
25 cl d'eau de source.

Jetez les fleurs dans l'eau et laissez reposer 2 heures.
Portez à ébullition et laissez frémir 15 min. Filtrez.

Lotion de la reine de Hongrie

Le zeste d'un citron.
1 poignée de romarin.
2 cuill. soupe de menthe fraîche.
4 cuill. soupe de pétales de rose.
1 pointe de cannelle.
2 g de teinture de benjoin.

Laissez macérer dans de l'eau de source 5 jours.
Filtrez.

c) Hydrater et protéger avec les crèmes de jour

Dans un monde parfait, et avec un mode de vie parfaitement sain, les soins de beauté ne seraient nécessaires qu'à une bonne hygiène, c'est-à-dire que laits et lotions seraient largement suffisants. Malheureusement, dans notre univers actuel où diverses pollutions se côtoient, notre peau a besoin de se protéger de toutes ces agressions et aussi de conserver son eau naturelle, faute de quoi les tissus de la peau perdraient leur souplesse, se dessécheraient peu à peu pour aboutir à un vieillissement prématuré.

La crème de jour, outre son rôle protecteur hydratant, a également pour mission de préserver notre visage du maquillage et des poussières. Les peaux sèches, fines et délicates, très sensibles aux changements brusques de température, au soleil, au vent, au froid, sont agressées en permanence.

EN PRATIQUE :

➠ Déposez la crème par petites touches sur le cou, le menton, le nez, les pommettes et le front.

➠ Étalez la crème délicatement sur tout le visage et le cou en respectant le sens du massage (p. 138).

À SAVOIR :

➠ Étaler la crème en effectuant un automassage facial de deux-trois minutes qui facilitera la pénétration du produit.

➠ Vérifier si votre crème ou huile est bien adaptée à votre type de peau : si elle est « avalée » aussitôt par votre peau, elle est trop sèche ; si votre peau reste grasse et luisante 15 min après son application, elle est trop grasse.

La préparation des crèmes est un peu plus compliquée. Ce sont des cold-creams dont la recette de base a été mise au point par Galien, un médecin grec, il y a plus de vingt siècles. En plus de ce cold-cream et de la crème type dans lesquelles vous utiliserez l'huile, le fruit, la ou les huiles essentielles dont votre peau a le plus besoin, nous vous donnons quelques exemples de crèmes pour chaque type de peau. Vous les utiliserez en alternance avec les huiles de beauté, excellentes pour la peau aussi bien comme crème de jour que de nuit.

Préparez au début uniquement de petites quantités à la fois pour pouvoir en tester plusieurs et découvrir très vite votre préférée.

Les crèmes de jour

Cold-cream de Galien

100 g d'huile d'amande douce.
25 g de cire blanche.
70 g d'eau de rose ou d'eau de source.
2 gouttes d'huile essentielle.

Faites fondre au bain-marie l'huile et la cire en remuant sans cesse. Laissez tiédir puis incorporez le liquide choisi et l'huile essentielle. Battez au mixeur ou au fouet jusqu'à l'obtention d'une crème blanche.

Crème type

100 g de lanoline ou de beurre de cacao.
70 g d'huile.
100 g d'eau de source ou eau florale ou infusion.
5 gouttes d'huile essentielle.

Faites fondre au bain-marie la lanoline, puis ajoutez l'huile en tournant, puis hors du feu, l'eau et l'huile essentielle.

Crème adoucissante (peaux sèches et très sèches)

50 g de beurre de karité.
50 g de monoï.
30 ml d'huile de rose musquée.
1 cuill. soupe d'huile d'argan.
1 cuill. soupe d'infusion de tilleul.
2 gouttes d'huile essentielle de carotte.
Fleur d'oranger.

Faites fondre au bain-marie le beurre de karité, le monoï et les huiles. Hors du feu, ajoutez la fleur d'oranger et l'huile essentielle.

Crème rééquilibrante (peaux grasses)

30 g de cire blanche.
120 g d'huile de noisette.
40 g d'infusion de romarin.
5 gouttes d'huile essentielle de romarin.
5 gouttes d'huile essentielle de sauge officinale.
5 gouttes d'huile essentielle de laurier.

Faites fondre au bain-marie la cire et l'huile, puis leur ajouter hors du feu l'infusion et les huiles essentielles.
Mélangez énergiquement.

Crème délicate

60 g de beurre de karité.
10 cl d'huile de rose musquée.
1 cuill. soupe d'huile d'argan.
10 gouttes d'huile essentielle de géranium odorant.
10 gouttes d'huile essentielle de carotte sauvage.

Mélangez l'huile et le beurre de karité au bain-marie en remuant sans cesse. Incorporez les huiles essentielles et remuez jusqu'à complet refroidissement. Mettez en pots.

Crème protectrice pour les lèvres (idéale aussi pour les lèvres gercées)

15 g de cire d'abeille ou de beurre de karité.
12 ml d'huile d'amande douce ou de jojoba.
5 à 10 ml d'eau de rose.
1 goutte d'huile essentielle de citron.

Mettez à fondre au bain-marie la cire et lui incorporer hors du feu l'huile, l'huile essentielle et l'eau de rose. Tournez, laissez tiédir et mettez en petits pots.

d) Équilibrer et régénérer avec la crème de nuit ou l'huile de beauté

Pendant toute la nuit, à l'abri de la lumière, des pollutions et des intempéries, notre épiderme peut se détendre ; il a ainsi tout loisir de se refaire une beauté, à condition de lui avoir appliqué une crème ou une huile performantes.

Huile ou crème doivent favoriser le renouvellement cellulaire, apporter des principes nutritifs spécifiques, renforcer la tonicité des tissus, les réhydrater et les rééquilibrer.

Les crèmes de nuit

Crème nutritive (peaux normales)

30 g de lanoline.
40 g de beurre de karité.
1 cuill. soupe d'huile de germe de blé.
50 g d'huile de jojoba.
3 gouttes de teinture de benjoin.
8 gouttes d'huile essentielle de verveine.

Faites fondre au bain-marie le beurre de karité, la lanoline et leur ajouter les huiles hors du feu en remuant soigneusement. Incorporez la teinture de benjoin et l'huile essentielle.

Crème de nuit (toutes peaux)

60 g d'huile de jojoba.
40 g de cire blanche.
40 g de beurre de karité.
80 g d'infusion de cannelle.
1 cuill. soupe d'huile d'avocat.
1 cuill. soupe d'huile de bourrache.
1 cuill. soupe de jus d'orange.
5 gouttes d'huile essentielle de santal.

Faites fondre au bain-marie la cire et le beurre de karité. Hors du feu, ajoutez les huiles de jojoba, d'avocat et de bourrache. Incorporez le jus d'orange, l'infusion et l'huile essentielle.

Crème idéale

50 g de beurre de karité.
5 cl d'huile de calophylle.
2 gouttes d'huile essentielle de géranium.
2 gouttes d'huile essentielle de citron.
2 gouttes d'huile essentielle de ylang-ylang.

Faites fondre au bain-marie le beurre de karité tout doucement. Hors du feu ajoutez l'huile de rose et les huiles essentielles en mélangeant bien.
Coup de fouet pour les peaux dévitalisées, fatiguées.

e) Purifier et désincruster avec le masque

Véritable coup d'éclat, le masque est l'occasion d'un moment de détente de l'organisme et possède, de plus, de très nombreux avantages : il nettoie la peau en profondeur, resserre les pores dilatés, aide à éliminer les points noirs, réhydrate la peau et l'éclaircit, augmente la souplesse et l'élasticité de la peau, la raffermit, la repose et la rafraîchit, et active la circulation. De plus, en fonction des principes actifs qu'il contient, le masque peut s'avérer tour à tour stimulant, adoucissant, tonifiant, rééquilibrant, anticouperose, désintoxiquant et décongestionnant. En quelques minutes, il transforme l'épiderme terne et fatigué en une peau fraîche et éclatante. La peau activée et stimulée a retrouvé tout son tonus.

Le masque qui contribue pour beaucoup à la lutte contre le vieillissement cutané, doit faire partie intégrante de nos soins de beauté. Répété régulièrement toutes les semaines, il constitue une extraordinaire remise en beauté.

EN PRATIQUE :

- Nettoyez la peau au moyen d'un lait et d'une lotion et séchez soigneusement.
- Appliquez le masque en suivant le sens du massage (p. 138).
- Laissez agir 10 à 20 min (ôtez immédiatement en cas de tiraillements ou de picotements).
- Rincez à l'eau tiède.
- Pulvérisez avec une eau florale.
- Appliquez votre crème de jour ou de nuit.

À SAVOIR :

- Effectuez toujours le masque sur une peau parfaitement propre.
- Ne recouvrez ni les paupières ni le dessous des yeux.

➠ Faites si possible un bain de vapeur avant la pose du masque.
➠ Profitez de la pose de votre masque pour faire une petite relaxation.
➠ Pour vous détendre complètement, appliquez sur vos paupières pour les décongestionner deux compresses imbibées d'une infusion de tilleul, de camomille ou de bleuet.

Appliquez votre masque pendant le bain : sa chaleur ouvre les pores et, combinée à l'humidité ambiante, elle accroît son efficacité.

Les masques

Regardez attentivement autour de vous dans votre cuisine ! Tout pourra un jour vous servir à confectionner un masque : fruits, légumes, huiles, levure, miel, fromage blanc, yaourt, œuf, crème fraîche, farine, etc., et les combinaisons qui en résultent sont bien sûr innombrables et infinies. Sans oublier l'argile et son merveilleux pouvoir désincrustant. Donnez-vous en à cœur joie ! Vous êtes pressé, alors pensez aux rondelles de concombre, à des moitiés d'abricot, à de la purée de fraises ou de pêches ou simplement un œuf, du fromage blanc.

Différents masques minute

Fraises coupées en deux ou écrasées (peaux grasses).
Pulpe de pommes, pêches ou abricots.
Rondelles de concombre (peaux grasses).
Grains de raisins coupés en deux.
Cerises coupées en deux.
Tranches de tomates.
Banane écrasée.
Carottes râpées.
Purée d'avocat (peaux sèches et délicates).
Un œuf battu.
Fromage blanc, yaourt.
Crème fraîche.
Pommes de terre râpées (peaux gonflées, bouffissures).
Miel légèrement tiédi + 1 cuill. soupe de jus de citron.

Choisissez un ingrédient dans la liste ci-contre, appliquez-le sur le visage et laissez-le agir une dizaine de minutes.

Masque type n° 1

1 œuf entier, 1 blanc ou 1 jaune.
1 cuill. café de jus de fruit ou infusion.
1 cuill. café de fromage blanc.
2 gouttes d'huile essentielle.

Voici un masque dans lequel il vous suffit de prendre l'huile essentielle, l'huile végétale, la plante ou le fruit qui correspond à votre type de peau.
Mélangez les ingrédients, puis procédez comme indiqué à « En pratique ».

Masque type n° 2

1 cuill. soupe d'argile verte.
2 cuill. café de jus de fruit ou légume ou infusion.
1 cuill. soupe d'huile.
3 gouttes d'huile essentielle.

Voici un masque dans lequel il vous suffit de prendre l'huile essentielle, l'huile végétale, la plante ou le fruit qui correspond à votre type de peau.
Mélangez les ingrédients, puis procédez comme indiqué à « En pratique ».

Masque raffermissant (pour peaux normales)

1 cuill. café d'argile verte.
3 cuill. café de lait.
2 gouttes d'huile essentielle de lavande vraie.

Mélangez les ingrédients, puis procédez comme indiqué à « En pratique ».

Masque tonifiant (pour peaux normales)

1 cuill. café de germes de blé.
1 cuill. café de purée d'avocat ou de pommes.
2 cuill. café d'huile d'amande douce.

Mélangez les ingrédients, puis procédez comme indiqué à « En pratique ».

Masque décongestionnant

2 cuill. café de yaourt.
2 cuill. café de crème fraîche.

Mélangez les ingrédients, puis procédez comme indiqué à « En pratique ».

Masque revitalisant

1 jaune d'œuf.
1 cuill. café d'huile d'olive.

Mélangez les ingrédients, puis procédez comme indiqué à « En pratique ».

Masque purifiant

1 cuill. café d'argile verte.
2 cuill. café de fromage blanc.
1 cuill. café de jus d'orange.

Mélangez les ingrédients, puis procédez comme indiqué à « En pratique ».

Masque antirides

1 cuill. soupe d'huile d'argan ou d'onagre.
1 cuill. soupe de farine complète de blé.
2 cuill. soupe de pulpe d'avocat.
2 gouttes d'huile essentielle de carotte.
2 gouttes d'huile essentielle de ylang-ylang.

Mélangez les ingrédients, puis procédez comme indiqué à « En pratique ».

Masque nourrissant désincrustant (peaux grasses)

1 cuill. soupe d'huile de noisette.
1 cuill. café d'huile de jojoba.
1 cuill. soupe d'argile verte.
2 gouttes d'huile essentielle de citron.
2 gouttes d'huile essentielle de camomille sauvage.

Mélangez les ingrédients, puis procédez comme indiqué à « En pratique ».

Masque pour peaux sèches

1 cuill. soupe de crème fraîche.
1 cuill. café de miel.
1 cuill. soupe de pêche écrasée.
1 cuill. café d'huile de noyau d'abricot.
3 gouttes d'huile essentielle de rose.

Mélangez les ingrédients, puis procédez comme indiqué à « En pratique ».

Masque anticouperose

2 blancs d'œuf battus en neige.
1/4 concombre râpé.
2 cuill. soupe de levure maltée.
Eau ou infusion d'hamamélis.

Mélangez les ingrédients, puis procédez comme indiqué à « En pratique ».

Masque beauté (peaux irritées, très sèches)

2 cuill. soupe de miel liquide.
1 blanc d'œuf battu en neige.
100 g de farine d'avoine.
Eau florale d'hamamélis ou de tilleul.

Mélangez les ingrédients, puis procédez comme indiqué à « En pratique ».

Masque velouté

1 banane écrasée.
2 cuill. soupe de crème fraîche ou fromage blanc ou huile végétale.
1 cuill. soupe de miel.

Mélangez les ingrédients, puis procédez comme indiqué à « En pratique ».

Masque régénérant

1/2 banane réduite en purée.
1/2 cuill. café de miel.
1/2 cuill. café de farine de seigle.
1 blanc d'œuf battu en neige.
1 cuill. café de purée d'amande.
1 cuill. café d'huile d'argan ou d'onagre.
3 gouttes d'huile essentielle d'orange ou palmarosa.

Mélangez les ingrédients, puis procédez comme indiqué à « En pratique ».

Masque jeunesse

1 cuill. café de levure de bière.
2 cuill. café d'huile de rose musquée.
1 cuill. soupe de jus de raisin.
1 cuill. café de purée d'amandes.
2 gouttes d'huile essentielle de géranium odorant.

Mélangez les ingrédients, puis procédez comme indiqué à « En pratique ».

Masque antifatigue

2 cuill. soupe de farine d'avoine.
1 cuill. café d'eau de fleur d'oranger.
1 cuill. café de miel.
2 gouttes d'huile essentielle d'orange.
Lait cru.

Mélangez les ingrédients, puis procédez comme indiqué à « En pratique ».

Mayonnaise beauté

1 jaune d'œuf.
2 cuill. soupe d'huile d'argan ou de bourrache.
1 cuill. soupe d'huile d'amande douce.
1 cuill. soupe d'huile de noisette.
1 cuill. café de vinaigre de toilette (ou rosat).
2 gouttes d'huile essentielle de ylang-ylang.

Battez le jaune d'œuf dans un bol, puis ajoutez les huiles très doucement comme si vous faisiez une vraie mayonnaise.
Ajoutez l'huile essentielle et le vinaigre en dernier, quand le mélange a épaissi.

f) Éliminer les cellules mortes avec le peeling ou le gommage

Le peeling fait la peau douce, satinée, lisse, translucide ; les pores paraissent plus petits, le grain et sa consistance sont améliorés, le teint est clair. C'est une phase capitale des soins de beauté, car l'élimination des cellules mortes permet une meilleure hydratation de l'épiderme.

Le gommage permet d'éliminer les petites peaux mortes superficielles, d'affiner le grain de la peau, de la désincruster et de la nettoyer en profondeur et de faciliter la pénétration des produits.

Vous en userez 1 à 2 fois par mois selon l'état de votre peau.

EN PRATIQUE :

➠ Nettoyez la peau au moyen d'un lait et d'une lotion.

➠ Appliquez le gommage rapidement en respectant le sens du massage (p. 138).
➠ Laissez agir 20 min.
➠ Ôtez le produit en frottant par des mouvements rotatifs sur le front, le menton et les joues, par mouvements verticaux sur le nez, le contour du visage et le cou.
➠ Rincez abondamment à l'eau tiède.
➠ Vaporisez une lotion tonique, séchez la peau.
➠ Appliquez une crème de jour (ou de nuit) ou une huile de beauté.

À SAVOIR :
➠ Évitez le contour des yeux et des lèvres.
➠ Ne vous exposez pas au soleil dans les heures qui suivent le peeling.
➠ Faites si possible un bain de vapeur avant la pose du peeling.

Le peeling ou gommage

De préparation similaire au masque, donc très simple, nous laisserons sécher le gommage un peu plus longtemps et, au lieu de l'enlever à l'eau, nous effectuerons de petites rotations sur la peau afin de la désincruster en profondeur.
Vous préparerez votre peeling en mélangeant ensemble tous les ingrédients. Quand les gommages commencent à craqueler, il est temps de gommer avec la pulpe des doigts.

Peeling doux

1 cuill. café d'amandes en poudre ou noix de coco râpée.
2 cuill. café de farine de maïs ou de blé.
2 cuill. café d'eau de fleur d'oranger.
2 gouttes d'huile essentielle de néroli.

Mélangez les ingrédients, puis procédez comme indiqué à « En pratique ».

Peeling au miel

1 cuill. café de purée de bananes.
1 cuill. café de miel.
2 cuill. café de noisettes en poudre.
2 cuill. café de petits flocons d'avoine.
1 à 2 cuill. soupe d'infusion ou d'eau florale.

Mélangez les ingrédients, puis procédez comme indiqué à « En pratique ».

Peeling à l'argile

2 cuill. café d'argile blanche ou verte.
1 cuill. café de son.
1/2 pêche écrasée ou fraises.
2 gouttes d'huile essentielle de petit grain bigaradier.

Mélangez les ingrédients, puis procédez comme indiqué à « En pratique ».

3. Les techniques beauté et santé du visage

a) Le sauna

Le sauna ou bain de vapeur du visage est une technique très ancienne qui, pratiquée régulièrement, opère une véritable désintoxication de l'épiderme et donne un teint clair et éclatant, une peau douce, lisse et incroyablement souple. La circulation sanguine est activée au niveau du visage. Le sang affleure la peau, apporte couleur au visage et nourriture aux muscles et peut ainsi évacuer les nombreux déchets. Les pores sont dilatés sous l'effet de la chaleur, la vapeur odorante pénètre en profondeur l'épiderme et le nettoie parfaitement, les gouttes dues à la transpiration sortent des pores, évacuant toxines, points noirs, restes de maquillage, saletés diverses. La peau, nettoyée en profondeur, est alors dans les conditions optimales de réceptivité pour profiter des bienfaits et principes actifs des masques, crèmes, gommages et huiles.

Le sauna pratiqué régulièrement opère une véritable désintoxication de l'épiderme, un drainage cutané, et donne un teint clair et éclatant, une peau douce, lisse et incroyablement souple.

EN PRATIQUE :

➡ Remplissez un grand bol d'infusion bouillante (ou d'eau bouillante dans laquelle vous verserez quelques gouttes d'huile essentielle).
➡ Entourez votre visage d'une serviette éponge et placez votre visage au-dessus du bol. Profitez de la vapeur 10 min environ.
➡ Puis, les pores étant bien ouverts, appliquez le masque ou le peeling.

À SAVOIR :

➡ Faites un sauna par semaine environ.

➠ Vous ne devez jamais éprouver une sensation de brûlure, et si c'est le cas, reculez-vous un peu.
➠ Évitez le bain de vapeur en cas de peau couperosée et sensible.
➠ Utilisez les plantes dont les propriétés vous sont bénéfiques. Quelques exemples : ortie, thym (pour nettoyer et désinfecter), camomille, tilleul, mauve (pour adoucir), menthe (pour resserrer les pores), fleurs de sureau (pour désincruster), lavande, achillée mille-feuille (pour cicatriser).

b) Le massage du visage

Cette technique esthétique à la portée de tous donnera d'excellents résultats, d'autant plus visibles que vous la pratiquerez avec assiduité (au moins deux fois par semaine) et que vous la compléterez par une huile de beauté.

Ses atouts principaux : active la circulation périphérique, favorise l'élimination des toxines, augmente la température de la peau, favorise la parfaite absorption de la crème (ou de l'huile), décontracte les muscles de la bouche et du tour des yeux, permet détente et bien-être du visage, défatigue les muscles et tissus faciaux.

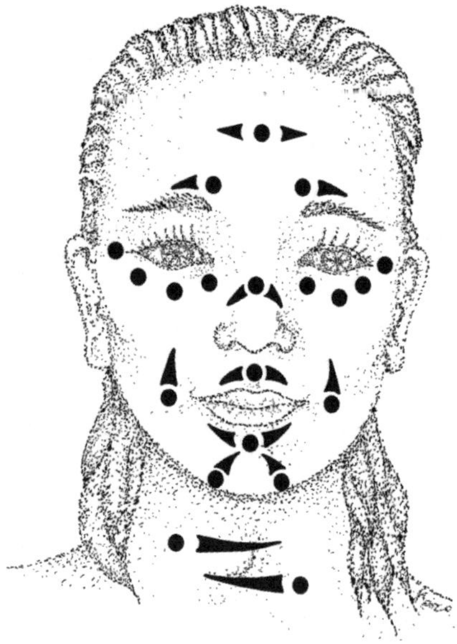

EN PRATIQUE :

➠ Commencez par le cou en passant toute la surface de la main de gauche à droite et de droite à gauche.

➠ *Le menton :* du bout des doigts, et une main après l'autre, englober le menton en faisant un demi-cercle.

➠ *La bouche :* faites le tour de la bouche délicatement du bout des doigts.

➠ *Les joues :* lissez avec le plat de la main du bas vers le haut.

➠ *Les yeux :* passez le bout des doigts en effleurant délicatement les paupières, du coin de l'œil vers l'extérieur. Puis avec l'extrémité des doigts, faites le contour de l'œil en pianotant.

➠ *Les sourcils :* lissez avec l'index et le majeur de l'intérieur vers l'extérieur en faisant passer le sourcil entre les deux doigts.

➠ *Les tempes :* faites de petits cercles avec la première phalange des doigts.

➠ *Le front :* lissez avec le plat des doigts du milieu du front jusqu'à la racine des cheveux, les deux mains en même temps.

➠ Puis partez d'entre les yeux et lissez en arc de cercle du bout des doigts jusqu'aux tempes.

À SAVOIR :

➠ Le massage se fait toujours sur une peau parfaitement propre et démaquillée.

Une variante de ce massage : le massage à la brosse

Il stimule et réveille les terminaisons nerveuses de notre épiderme ainsi que la microcirculation, donne à la peau un aspect rosé et la prépare à recevoir son produit de soin.

Tapotez le front, les joues, le nez, le menton, les contours de la bouche, le cou avec la brosse en effectuant de légères rotations. Elle peut s'utiliser à sec pour un massage léger, mais aussi pour ôter un gommage ou un masque ou encore pour appliquer le lait démaquillant (faire mousser sur la peau mouillée une noisette de lait avec la brosse).

La brosse est idéale pour déloger les impuretés, mais attention ne frottez pas trop fort. Vous la choisirez garnie de poils de soie ultradoux.

c) Les huiles de beauté

Produits de beauté favori des Égyptiens, des Grecs et des Romains, il y a plusieurs siècles, elles représentent toujours le *nec plus ultra* des cosmétiques. Composées uniquement d'huiles végétales de première pression à froid et d'huiles essentielles, elles sont stimulantes, protectrices, régénérantes, assouplissantes, et aident à préserver la jeunesse du visage. Riches en acides gras insaturés, elles pénètrent bien l'épiderme, le nourrissent et lui redonnent finesse, éclat et souplesse.

EN PRATIQUE :
➠ Nettoyez la peau avec le lait et la lotion.
➠ Versez quelques gouttes d'huile sur le bout des doigts et appliquez-la délicatement.
➠ Massez légèrement en respectant le sens du massage (p. 138).

À SAVOIR :
➠ Un léger brossage de la peau au moyen d'une brosse très douce, en augmentant la réceptivité de la peau, permet une meilleure efficacité et absorption des principes actifs.
➠ Plus faciles à préparer que les crèmes, et tout aussi efficaces si ce n'est plus, utilisez-les fréquemment, en particulier le soir. Elles sont de deux sortes : les simples où il n'y a aucune préparation à effectuer, et les composées que vous pourrez parfumer et dynamiser par l'adjonction d'huiles essentielles ou de plantes séchées ou fraîches mises à macérer quelques jours et qui constitueront d'extraordinaires huiles parfumées.

Les huiles de beauté simples

Ce sont déjà, à elles seules, des produits de soin exceptionnels à condition de les choisir de première pression à froid, pures et non diluées. Certaines, précieuses, seront à utiliser, vu leur prix de revient, en cures, en cas de peaux très fatiguées ou en mélange avec d'autres huiles, ce sont les huiles d'onagre, de bourrache, de rose musquée, de jojoba, d'argan, de calophylle, de noyau d'abricot... Quant aux autres, olive, sésame, carthame, elles vous sont familières surtout pour la cuisine, et vous serviront de base pour vos huiles parfumées. Pour l'énumération de leurs qualités, reportez-vous à la partie qui traite des ingrédients naturels, p. 87-91.

Les huiles de beauté aux plantes

Elles consistent à faire macérer des plantes pendant quelques jours (7 à 21 jours) dans une huile qui leur transmet ses propriétés. Puis, il suffit de filtrer et de conserver en petits flacons de verre à l'abri de la lumière. Vous pourrez utiliser toutes les plantes et, en fin de macération, additionner de quelques gouttes d'huile essentielle afin d'augmenter encore l'action traitante de l'huile obtenue.

Huile type aux plantes

Fleurs, feuilles ou racines (fraîches ou séchées).
25 cl d'huile au choix (olive, sésame...).
3 gouttes d'huile essentielle de votre choix.

Remplissez le bocal des plantes choisies. Recouvrez d'huile. Laissez reposer, au soleil de préférence, 7 à 21 jours. Filtrez en pressant bien les herbes.
Vous pourrez ajouter en fin de préparation l'huile essentielle de votre choix.

Huile de millepertuis

Fleurs de millepertuis.
20 cl d'huile d'olive.

Remplissez le bocal de fleurs. Recouvrez d'huile. Laissez macérer 21 jours au soleil. Filtrez et conservez dans un petit flacon à l'abri de la lumière.
Surtout connue pour ses vertus vulnéraires, cicatrisantes, anti-inflammatoires, adoucissantes, bien utile en cas de brûlures ou coups de soleil, l'huile de millepertuis, d'une splendide couleur rouge, est aussi très active dans le soin des peaux sèches et dans la prévention des rides.

Huile de lys

Fleurs de lys.
20 cl d'huile d'olive ou d'amande douce.

Même préparation que ci-dessus, excepté la macération de 7 jours. L'huile de lys lutte contre les taches de vieillesse et de rousseur, protège les muqueuses, est active dans de nombreux problèmes de peau, et peut être utilisée en compresses pour faire mûrir les boutons.

Huile antirides

5 cl d'huile d'argan.
5 cl d'huile de millepertuis.
5 cl d'huile de rose musquée.
10 cl d'huile de jojoba.
6 gouttes d'huile essentielle d'ylang-ylang.

Mélangez soigneusement tous les ingrédients.

Huile dorée

10 cl d'huile de carotte.
5 cl d'huile de ricin ou de calophylle.
25 gouttes d'huile essentielle de carotte.
20 gouttes d'huile essentielle d'orange.

Mélangez soigneusement tous les ingrédients.
Pour les peaux sèches, le teint brouillé et aussi avant, pendant et après les expositions au soleil.

Huile rose

15 cl d'huile de rose musquée du Chili.
5 cl d'huile d'onagre ou de calophylle.
30 g de pétales de roses rouges.
10 gouttes d'huile essentielle de rose ou de camomille (facultatif) ou de palmarosa.

Mettez les pétales à macérer dans les huiles pendant 10 jours.
Filtrez et ajoutez l'huile essentielle.
En crème de nuit pour les peaux fatiguées, dévitalisées, sans tonus.

Huile tendre

20 cl d'huile d'amande douce ou d'argan.
10 fleurs d'oranger.
10 fleurs de tilleul.
10 fleurs de mauve.
10 fleurs de lavande.

Mettez à macérer les fleurs dans l'huile 14 jours. Filtrez.
Pour les peaux irritées, qu'elle adoucit merveilleusement.

Huile éclat

10 cl d'huile de jojoba.
5 cl d'huile de rose musquée.
40 g de fleurs de lys.
5 gouttes d'huile essentielle d'ylang-ylang.

Mettez les fleurs à macérer dans l'huile 10 jours. Filtrez, ajoutez l'huile essentielle.
Le lys fait merveille pour atténuer les rides, les taches brunes, la couperose, et donner un teint frais.

Huile antiacné

10 cl d'huile de noisette.
5 cl d'huile de millepertuis.
6 gouttes d'huile essentielle de lavande vraie.
6 gouttes d'huile essentielle de cèdre.
2 gouttes d'huile essentielle de laurier.
5 gouttes d'huile essentielle de citron.
3 gouttes d'huile essentielle de petit grain bigaradier.
3 gouttes d'huile essentielle de santal.

Cicatrisante et antiseptique, cette huile vous sera très utile dans le traitement de l'acné.

Huile vitale

5 cl d'huile d'onagre. 5 cl d'huile de bourrache. 5 cl d'huile de calophylle. 5 cl d'huile de rose musquée. 2 gouttes d'huile essentielle de cyprès. 2 gouttes d'huile essentielle d'ylang-ylang. 1 goutte d'huile essentielle de géranium odorant. 2 gouttes d'huile essentielle de lavande vraie.	Idéale pour régénérer la peau et retarder les effets du vieillissement.

d) Recettes en vrac

Pour atténuer les poches sous les yeux

Eau fraîche. Pommes de terre crues râpées. Jus de pomme de terre.	Aspersion d'eau fraîche. Cataplasmes de pommes de terre crues râpées ou compresses imbibées de jus de pomme de terre.

Pour traiter les paupières enflées, les yeux boursouflés, rouges

Thé. 10 g de chaque/l d'eau, ou 50 g d'une seule : guimauve, camomille, bleuet, euphraise ou (et) mélicot. Vigne rouge.	Compresses de thé. Compresses d'infusion de guimauve, camomille, bleuet, euphraise ou (et) mélicot. Compresses d'infusion de vigne rouge.

Pour donner de l'éclat au regard

10 g de chaque/1/2 l d'eau : plantain, bleuet, mélicot, mauve. Vigne rouge.	Instiller dans l'œil 2 ou 3 gouttes de l'infusion du mélange des plantes dans les yeux.

Pour soulager toutes les affections des paupières et des yeux

Euphraise officinale.	En infusion, compresses ou bains.

Pour avoir de longs cils bien fournis

Huile de ricin.	Les enduire le soir avec l'huile de ricin.

Pour prévenir et soigner les gerçures

10 cl d'huile de jojoba.
5 g de fleurs de souci.
5 g de fleurs de mauve.
3 gouttes d'huile essentielle de citron ou d'hélichryse.
2 gouttes d'huile essentielle de lavande vraie.
Miel.
Fromage blanc.

Appliquez en massage sur les lèvres une huile préparée en mettant à macérer dans l'huile de jojoba, les fleurs de souci et de mauve pendant 10 jours. Filtrez et ajoutez l'huile essentielle de citron et de lavande.

Essayez le cataplasme de miel et fromage blanc (en quantité égale) posé 20 min sur les lèvres. Il vous apportera soulagement et cicatrisation.

Contre la couperose

Huile de millepertuis ou de calophylle.
Quelques gouttes d'huile essentielle de cyprès et d'hélichryse.
Hamamélis ou mauve.
Marrons d'Inde râpés.
Feuilles de laitue cuites.

Massage à l'huile de millepertuis ou de calophylle additionnée de quelques gouttes d'huile essentielle de cyprès et d'hélichryse.

Compresses d'infusion d'hamamélis ou de mauve.

Cataplasmes de marrons d'Inde râpés.

Feuilles de laitue cuites en masque 30 min.

Contre les comédons

Tomate ou oseille hachée.
Argile.
Sauge et eucalyptus.

Après un sauna du visage, faites un massage à la tomate ou à l'oseille hachée.

Masques à l'argile.

Saunas à la sauge et eucalyptus.

Contre les taches brunes

Persil.

Compresses d'infusion de persil.

Contre l'acné

Laitue cuite.

Lotionnez la peau avec le jus de cuisson d'une laitue cuite.

Masque avec les feuilles cuites.

Pour atténuer les cicatrices et les aider à disparaître

Huile de rose musquée.
Huile de pâquerettes.

Huile de rose musquée, huile de pâquerette.

Pour blanchir les dents et les fortifier

1 citron.

Coupez 1 citron en deux et frottez-en dents et gencives.

Contre les saignements de gencives

Bicarbonate de soude. Eau oxygénée.	Lavez-vous les dents avec un mélange à parts égales de bicarbonate de soude et d'eau oxygénée.

Eau-dentifrice

Thym. Romarin.	Se rincer la bouche avec une infusion de thym ou de romarin.

Dentifrice

Gros sel. Poudre de prêle.	Se laver les dents avec de la poudre de prêle ou du gros sel.

e) Les rides

Elle efface la ride au visage altéré et la tache livide au corps régénéré !

École de Salerne parlant de l'huile de lys.

Les rides, plissements peu ou très profonds des fibres de la peau, sont souvent mal acceptées, surtout si elles surviennent précocement. Car, si elles sont intimement liées au processus naturel du vieillissement de la peau (perte de souplesse et déshydratation), certains facteurs les aggravent et favorisent leur apparition : expositions fréquentes au soleil, vent, gommage, stress, certaines déficiences organiques, chocs et problèmes émotionnels, mauvaise alimentation, abus de tabac, d'alcool, d'excitants…

Une fois installées, il est très difficile, voire impossible, de les déloger… En revanche, il est possible de les atténuer sensiblement, et de retarder l'apparition des nouvelles… il est surtout intéressant d'agir en prévention bien avant leur apparition. Il suffit d'éliminer de notre vie les facteurs aggravants cités ci-dessus, de nourrir notre peau de l'intérieur comme de l'extérieur, et de lui assurer une protection permanente, en favorisant son hydratation, en stimulant la tonicité du tissu élastique par des crèmes et huiles nourrissantes, régénérantes et raffermissantes, mais aussi en effectuant des massages faciaux et de la gymnastique du visage.

Les soins à apporter seront identiques à ceux indiqués pour le visage (nettoyer, lotionner, désincruster), simplement les produits utilisés seront plus adaptés aux problèmes de rides ; vous les trouverez dans les recettes sous des dénominatifs tels que « antirides », « régénérants ». De même, les techniques beauté/santé devront être pratiquées avec plus d'assiduité, en particulier le massage du visage et la gymnastique faciale.

4. Les soins des cheveux

Les cheveux sont notre plus belle parure. Ils encadrent notre visage, le mettent en valeur et, qu'ils soient longs, courts, raides ou frisés, ils font ressortir notre personnalité, à condition toutefois d'être sains, brillants et souples. Expression de notre énergie vitale, ils témoignent de notre état de santé mentale et physique. Pendant longtemps on a cru que notre force dépendait d'eux et y résidait (voir la légende de Samson et Dalila ; l'importance du scalp chez les Indiens). Objets de nombreuses modes, ils sont aussi le signe d'appartenance à tel ou tel groupe social ou religieux (tonsure des moines, crânes rasés des bouddhistes…) et une façon de se marginaliser. Le cheveu est un être vivant.

Quelques chiffres à connaître :

- Chaque mois, le cheveu pousse de 1,4 cm ; un peu moins en vieillissant.
- On possède 80 000 cheveux roux à 140 000 blonds en passant par 108 000 bruns qui, mis côte à côte, représentent une surface de 10 m^2.
- Il est tout à fait normal de perdre 40 à 100 cheveux/jour.
- Les cheveux se renouvellent entièrement 4 fois dans une vie.
- Le cheveu pousse pendant 5 ans, meurt et met 3 mois à tomber, expulsé par son remplaçant.

a) Les facteurs qui agressent nos cheveux

Notre cheveu, exposé continuellement à la chaleur, à l'humidité, aux pollutions (fumées, gaz…), au vent, au soleil, à l'eau de mer, à l'eau chlorée des piscines, au chauffage, à la climatisation, est agressé en permanence. Certains facteurs le dessèchent, le rendent cassant et fourchu, d'autres le graissent rapidement, le décolorent et le salissent. Sans compter les traitements capillaires traumatisants que nous lui infligeons... tout cela au nom de la beauté ! Permanentes, décolorations, teintures, crêpages, brushings... tout cela abîme le cheveu, l'affaiblit, le perturbe dans sa composition, altère sa structure normale et attaque le cuir chevelu. La laque, elle, les étouffe et les asphyxie. D'ailleurs, ces multiples agressions peuvent être responsables d'allergies, en particulier les teintures qui renferment quantité d'agents nocifs (goudron, ammoniaque, acétate de plomb, acide sulfurique...).

Les shampooings du commerce à base de détergents, trop concentrés et remplis de composés chimiques, agressent eux aussi la tige du cheveu, d'où l'intérêt de fabriquer soi-même ses shampooings. Les coiffures trop serrées, où les cheveux sont tirés ou maintenus au moyen d'élastiques, peignes ou barrettes portés constamment, la pose régulière de bigoudis, toutes ces opérations cassent à plus ou moins long terme les cheveux, les arrachent et les malmènent. Il est donc indispensable d'éviter, ou du moins de limiter, certains traitements ou encore de ne les pratiquer qu'exceptionnellement.

Certains événements tels qu'une grossesse, un accident, un choc psychologique, le stress peuvent être aussi responsables d'un mauvais état de la chevelure.

b) L'entretien quotidien de nos cheveux

Pour entretenir nos cheveux, nul besoin de soins très sophistiqués. Le brossage quotidien rigoureux, le massage le plus souvent possible et un lavage hebdomadaire constituent leurs meilleurs traitements de beauté, auxquels on aura éventuellement ajouté des bains nourrissants, des lotions aux plantes et des huiles essentielles.

Différents traitements nourrissants spécifiques amélioreront les cheveux et les rendront plus souples et brillants tout en leur donnant plus de volume ; ils vous permettront de résoudre certains problèmes (cheveux gras, cassants, dévitalisés, pellicules...), d'embellir votre chevelure et de raviver sa couleur.

De nombreux moyens naturels consistant en des massages revivifiant au moyen d'huiles végétales, de beurre de karité agrémentés d'huiles essentielles, d'argile, de plantes, adaptés à la nature du cheveu, répondront à ses besoins; des shampooings doux, un brossage biquotidien doux et consciencieux ainsi que le suivi de conseils élémentaires constitueront la panoplie beauté du cheveu.

Apprenons à déterminer la nature exacte de nos cheveux :
➠ *Cheveu normal :* il se reconnaît à son aspect brillant, souple, et à son volume. Il n'est ni cassant, ni fourchu, ni gras et est facile à coiffer.
➠ *Cheveu sec :* il est terne, sans vie, et s'emmêle facilement. Il a perdu son humidité naturelle, est devenu poreux et fragile; il se casse facilement et est souvent fourchu.
➠ *Cheveu gras :* il est… gras! Ça se voit tout de suite à son aspect et à son toucher gras!

c) Nettoyer nos cheveux avec un shampooing adapté

EN PRATIQUE :
➠ Brossez doucement les cheveux pour éliminer les pellicules et les cheveux morts.
➠ Mouillez entièrement les cheveux et le cuir chevelu sous la douche.
➠ Procédez au massage du cuir chevelu pour le stimuler.
➠ Appliquez un shampooing, faites mousser en massant le cuir chevelu par des mouvements circulaires doux et tonifiants de la nuque vers le haut de la tête et des oreilles.
➠ Rincez les cheveux soigneusement.
➠ Terminez par un rinçage à l'eau tiède ou, mieux, froide qui resserre les écailles.
➠ Séchez avec une ou plusieurs serviettes éponge qui absorberont l'eau, en tapotant les cheveux délicatement.
➠ Démêlez vos cheveux avec un peigne! Jamais de brosse sur cheveux mouillés.

À SAVOIR :
➠ Quand vous lavez, rincez ou séchez les cheveux, faites-le délicatement, sans jamais tordre les pointes des cheveux longs.
➠ Un shampooing une fois par semaine est largement suffisant; laver trop souvent les cheveux les abîme et détruit l'enduit protecteur sébacé.
➠ Faites précéder le shampooing d'un démêlage.

➠ Utilisez de préférence une eau tiède (jamais trop chaude). En tout cas, le dernier rinçage se fera à l'eau froide (ou à peine tiède) pour resserrer les écailles.
➠ Vous ajouterez 2 à 3 cuill. café de vinaigre de cidre ou de jus de citron au dernier rinçage afin de reconstituer le manteau protecteur acide du cuir chevelu, de donner éclat et brillance à la chevelure, de prévenir les pellicules et de permettre aux cheveux de présenter moins rapidement un aspect graisseux.
➠ Le shampooing n'est pas un acte anodin, de lui dépend la santé et la beauté de notre chevelure. Il doit impérativement laver tout en préservant l'intégrité du cuir chevelu et de son pH.
➠ Le meilleur des séchages est celui qui est réalisé à l'air libre. Si ce n'est pas possible (temps, froid...), réduisez le temps de séchage en essorant vos cheveux délicatement dans deux ou trois grosses serviettes éponge et réglez le séchoir sur une température peu élevée afin de ne pas les «brûler». Le séchage à infrarouge est à rejeter absolument : il déshydrate le cuir chevelu et dessèche le cheveu.

Les shampooings

Pour que le shampooing joue pleinement son rôle, il doit laver les cheveux sans surtout les agresser (ce qui est bien souvent le cas avec les détergents du commerce). Si en même temps, il agit sur leur beauté et leur santé grâce aux propriétés de certaines plantes utilisées, il devient aussi un soin à part entière, ce dont nous aurions mauvaise grâce de nous plaindre. Vous trouverez ci-dessous des recettes simples de shampooings qui redonneront du tonus à vos cheveux et leur donneront un aspect soyeux et brillant.

Shampooings pour cheveux gras à pellicules

50 g de bois de Panama.
1 l. d'eau.

Faites bouillir le bois de Panama dans l'eau 20 min. Filtrez. Laissez tiédir et utilisez.

Shampooing antipelliculaire

1 cuill. café de bicarbonate de soude.
1/2 l d'eau.

Diluez le bicarbonate de soude dans l'eau. Lavez-vous les cheveux avec ce mélange.

Shampooing pour cheveux normaux

70 g de saponaire.
1 l. d'eau.

Faites bouillir l'eau puis versez-y la saponaire que vous laisserez infuser 20 min. Filtrez. Laissez tiédir et utilisez.

Shampooing pour cheveux abîmés, secs ou délicats

1 ou 2 œufs (selon la longueur de la chevelure). 1 cuill. café d'huile d'olive.	Battez les œufs avec l'huile. Appliquez sur les cheveux en massant. Laissez agir 5 à 10 min. Rincez.

Shampooing pour cheveux fatigués et ternes

1 ou 2 œufs. 2 cuill. café de miel. Le jus d'1 citron.	Battez les œufs avec le citron et le miel. Appliquez en massant. Laissez agir 5 à 10 min. Rincez. Nourrissant et adoucissant.

Shampooing vital pour cheveux gras

40 g d'écorce de bois de Panama. 1 cuill. soupe de rassoul. 5 gouttes d'huile essentielle de citron. 1 l d'eau.	Faites bouillir pendant 1/4 d'heure le bois de Panama dans l'eau. Filtrez, ajoutez le rassoul et l'huile essentielle. Faites le shampooing.

Shampooing à l'argile

2 cuill. soupe d'argile verte. 10 gouttes d'huile essentielle de bois de rose. 1 verre d'eau chaude.	Mélangez l'argile et l'huile essentielle puis délayez avec l'eau chaude. Appliquez en massant sur le cuir chevelu et les cheveux et laissez agir 10 min. Rincez.

Shampooing d'Orient

100 g de rassoul. Eau. Quelques gouttes d'huile essentielle de sauge, thym, romarin, lavande, cèdre, selon la texture du cheveu.	Délayez le rassoul dans l'eau jusqu'à obtenir une pâte. Appliquez sur cheveux mouillés. Laissez agir 5 à 10 min et rincez abondamment. Vous y ajouterez l'huile essentielle qui donnera du volume à la chevelure.

Shampooing sec express

1 cuill. soupe d'argile blanche (ou verte) ou sel fin, ou 1 cuill. soupe de poudre d'iris, ou lycopode, ou farine.	Saupoudrez le cuir chevelu du produit choisi. Laissez agir 5 min. Brossez plusieurs fois afin d'éliminer tout le produit. Vous pouvez aussi utiliser 1 cuill. soupe d'un mélange de 2 ou 3 de ces produits.

d) Embellir nos cheveux avec les bains d'huile

Pour embellir nos cheveux, nous pouvons leur prodiguer un bain (ou enveloppement) aux huiles végétales, au beurre de karité, à l'argile, aux œufs, au miel…

Ce soin donnera des cheveux doux, brillants, faciles à coiffer et vigoureux.

Il est excellent pour les cheveux abîmés, secs, rendus cassants par le soleil et les bains de mer.

EN PRATIQUE :

➡ Mouillez les cheveux.

➡ Appliquez avec les mains le soin traitant sur le cuir chevelu.

➡ Procédez à un massage (de la nuque vers le front et des côtés vers le haut du crâne) et remontez les cheveux sur la tête s'ils sont longs.

➡ Enveloppez les cheveux d'une serviette éponge trempée dans l'eau chaude qui favorisera l'absorption des huiles végétales et huiles essentielles.

➡ Laissez agir 30 min minimum.

➡ Lavez les cheveux avec le shampooing et rincez soigneusement.

À SAVOIR :

➡ Faites ce soin régulièrement avant chaque shampooing.

➡ Vous pouvez, pour encore plus d'efficacité, le conserver toute la nuit et laver vos cheveux le lendemain. Dans ce cas, recouvrez la tête d'une charlotte en plastique pour protéger l'oreiller.

Les bains d'huile

Pour embellir les cheveux, les rendre souples et brillants et les régénérer, surtout lors des changements de saison ou aux moments de fatigue, quand ils sont ternes, plats, mous, fatigués, dévitalisés, rien de tel qu'un doux bain d'huile. Essayez !

Les huiles, amies de votre chevelure, sont nombreuses : huile d'avocat, de ricin, de jojoba, d'argan, de coco, d'olive, d'amande douce... Elles vous font les cheveux doux et souples, les fortifient, les épaississent, bref leur refont une santé. Nous inclurons dans la catégorie des huiles le beurre de karité et le monoï qui n'ont pas leur pareil pour nourrir et régénérer les cheveux secs et dévitalisés. Selon la longueur de vos cheveux, ces préparations vous serviront pour 4 à 8 applications.

Pour cheveux abîmés

200 g de beurre de karité.
5 cl d'huile d'argan ou de ricin.
10 gouttes d'huile essentielle d'ylang-ylang.
10 gouttes d'huile essentielle de citron.

Sur feu très doux, mélangez délicatement le beurre de karité et l'huile choisie. Une fois le mélange homogène, ôtez du feu et incorporez les huiles essentielles.

Pour cheveux blonds

20 cl d'huile d'olive.
15 têtes de camomille.
10 g de fleurs de sureau.
10 g de fleurs de centaurée.
10 g de fleurs de bleuets.

Laissez macérer les fleurs dans l'huile 10 jours. Filtrez et conservez dans un flacon à l'abri de la lumière.

Contre la chute des cheveux

15 cl d'huile de ricin.
5 cl d'huile d'argan.
30 gouttes d'huile essentielle de cèdre.
30 gouttes d'huile essentielle d'ylang-ylang.

Mélangez tous les ingrédients.

Contre les pellicules

20 cl d'huile de jojoba.
5 cl d'huile d'argan.
100 g d'orties.

Mettez à macérer les orties dans l'huile 15 jours. Filtrez.

Pour les cuirs chevelus eczémateux

10 cl d'huile de cade.
20 cl d'huile d'amande douce.

Même si elle a une odeur très forte de goudron, cette huile est excellente pour tonifier et rééquilibrer les cheveux gras.

e) Purifier et tonifier nos cheveux à l'aide des masques

L'argile verte, le rassoul, les œufs, le miel, la levure de bière seront les principaux ingrédients des masques pour cheveux... sans oublier les huiles évidemment.

Leur usage peu répandu dans nos civilisations modernes était courant dans l'Antiquité et l'est toujours chez les peuples où santé et beauté corporelle sont indissociables : Afrique du Nord, Inde...

Les masques

Traitement à part entière, ces cataplasmes purifient et tonifient le cuir chevelu, revitalisent l'ensemble de la chevelure et favorisent la repousse des cheveux. Pour la plupart, vous les laisserez agir 1 heure, puis procéderez au shampooing.

Masque antichute

2 cuill. soupe d'huile de coco ou d'olive.
1 cuill. soupe d'huile de ricin.
2 cuill. soupe de henné.
5 gouttes d'huile essentielle de cèdre.
2 cuill. soupe d'argile verte.
Infusion de romarin.

Mélangez tous les ingrédients et ajoutez l'infusion jusqu'à obtenir la consistance désirée.

Masque au miel pour cheveux desséchés

3 cuill. soupe de miel.
1 jaune d'œuf.
Le jus d'1 citron.
2 cuill. soupe de germes de blé.
2 cuill. soupe de levure de bière.
Eau de rose.

Mélangez tous les ingrédients et ajoutez l'eau de rose selon la consistance désirée.

Masque pour cheveux gras

3 cuill. soupe de rassoul.
3 gouttes d'huile essentielle de cèdre.
3 gouttes d'huile essentielle de thym.
1 blanc d'œuf.
1 cuill. café de jus de citron.
1 à 3 cuill. soupe d'infusion de thym ou décoction d'écorce de quinquina.

Mélangez tous les ingrédients.

Masque tonus (tous cheveux)

3 cuill. soupe d'argile en poudre.
3 gouttes d'huile essentielle de lavande.
3 gouttes d'huile essentielle de cèdre.
1 cuill. café d'huile de ricin.
1 cuill. café de jus de citron.
1 cuill. café de levure de bière.
Infusion de lavande.

Mélangez tous les ingrédients.

Masque antipellicules

2 cuill. soupe de rassoul.
10 gouttes d'huile essentielle de cèdre.
Infusion de romarin.

Mélangez le rassoul et l'huile essentielle, puis ajoutez l'infusion jusqu'à la consistance désirée.

f) Stimuler et équilibrer avec une lotion tonifiante et traitante

Elle va renforcer et compléter l'action de l'huile, tonifier, revitaliser les cheveux et aider à résoudre certains problèmes (pellicules, cheveux gras...).

EN PRATIQUE :

➠ Mettez quelques gouttes de la lotion choisie à l'intérieur des mains que vous posez sur les cheveux.
➠ Massez le cuir chevelu quelques instants pour bien faire pénétrer.
➠ Brossez les cheveux.

À SAVOIR :

➠ Faites cette friction tous les matins, avant de vous coiffer, sur les cheveux secs (non mouillés).
➠ Si vous n'avez pas de lotion spécifique, utilisez quelques gouttes d'huile essentielle de romarin, thym, citron, cyprès, sauge ou lavande que vous versez directement sur votre brosse. Lissez soigneusement vos cheveux.
➠ Versez une ampoule d'eau de mer sur les cheveux, propres et encore mouillés, juste après le shampooing, puis massez bien pour faire pénétrer : assainit et équilibre le cuir chevelu.

Les lotions

À base de plantes, les lotions permettent de rééquilibrer le cuir chevelu, de réguler certains problèmes et de rendre les cheveux plus sains et plus vigoureux. Ce sont tout simplement pour la plupart des infusions ou des décoctions que vous confectionnerez avec la ou les plantes adaptées à votre cas (reportez-vous au récapitulatif des propriétés des plantes et créez des lotions originales). Pour plus de facilité d'emploi, versez ces lotions dans un vaporisateur et vaporisez directement sur les cheveux. Ces lotions s'utiliseront indifféremment en frictions sur le cuir chevelu, en remplacement de la dernière eau de rinçage, en vaporisation soir et matin. Vous pouvez aussi en imprégner la chevelure, laisser agir 15 min et rincer.

Pour une chevelure saine

1 poignée de buis. 1/2 l d'eau.	Faites une décoction de buis. Filtrez.

Pour fortifier les cheveux

60 g de feuilles de noyer.
100 g de feuilles de sauge.
1 l d'eau.

Faites une décoction de ces plantes dans l'eau. Filtrez.

Pour adoucir les cheveux

20 g de mauve.
20 g de bourrache.
20 g de fleurs de sureau.

Faites une décoction avec ces plantes. Filtrez.

Contre les pellicules

20 g de romarin.
20 g de sauge.
20 g de serpolet.

Faites une décoction avec ces plantes. Filtrez.

Contre la chute des cheveux

1/2 l de vinaigre de cidre.
200 g d'orties fraîches.

Mettez à macérer les orties dans le vinaigre une quinzaine de jours. Puis filtrez.

g) Donner des reflets grâce aux teintures

À part le henné qui peut opérer une véritable coloration de la chevelure (mais sa couleur flamboyante ne plaît pas à tous), il est difficile, voire impossible avec des produits naturels, d'obtenir à la maison une préparation permettant de teindre les cheveux. En revanche, vous pourrez leur donner de jolis reflets qu'ils soient blonds, bruns, roux ou blancs, raviver votre couleur personnelle sans abîmer votre chevelure. En effet, les plantes utilisées ont toutes des vertus bénéfiques à la bonne santé de vos cheveux et, à défaut de devenir blonde platinée ou noir comme jais, vous arborerez une chevelure éclatante.

À SAVOIR :

➠ Si vous désirez changer de couleur, vous trouverez dans le commerce des teintures végétales sans eau oxygénée ni ammoniaque, qui n'abîment pas les cheveux, n'irritent en aucune façon le cuir chevelu et ne présentent aucune contre-indication tout en gardant la chevelure en bonne santé. D'après de nombreux chercheurs, les colorations chimiques auraient à long terme une action cancérigène, sans compter, à court terme, les nombreux problèmes d'allergie, irritations diverses, déshydratation du cuir chevelu, et souvent comme résultat des cheveux colorés certes mais ternes, cassants et tristes.

Les cataplasmes de plantes ou décoctions

Pour donner des reflets blonds aux cheveux clairs

100 g de camomille allemande.
1 cuill. café de jus de citron.
1/4 l d'eau.

Faites bouillir la camomille dans l'eau 15 min. Ajoutez le jus de citron. Filtrez. Utilisez cette lotion en dernière eau de rinçage. Laissez sécher vos cheveux au soleil.

Variante

100 g de fleurs fraîches de camomille.
1/2 l. d'huile d'olive.

Faites macérer les fleurs dans l'huile 3 semaines. Filtrez.
Ce bain de beauté, à laisser agir toute la nuit sur les cheveux (ensuite procéder à un shampooing), donne de jolis reflets blonds à vos cheveux.

Pour donner une chevelure flamboyante

100 à 200 g de henné en poudre.
Eau.

Délayez la poudre dans l'eau bouillante jusqu'à obtenir une pâte épaisse. Appliquez sur les cheveux. Recouvrez d'une serviette éponge. Laissez agir de 15 min (pour des reflets) à 2 heures (couleur). Rincez et procédez à un shampooing.
Pour un soin complet, laissez agir toute la nuit en utilisant de préférence un henné neutre (si vous ne voulez pas avoir une chevelure d'un bel orange vif!). Le henné constitue un soin extraordinaire pour la chevelure qu'il rend épaisse, souple et brillante. Lors de la pose, mettez des gants et faites attention à votre visage et votre cou qui prendraient eux aussi une belle couleur!

Pour donner des reflets aux cheveux bruns

50 g de feuilles de lierre.
5 tiges de persil.
1/2 l d'eau.

Faites une décoction. Filtrez. Utilisez en dernière eau de rinçage.

Pour donner des reflets aux cheveux auburn

50 g de feuilles de henné.
1/2 l d'eau.

Faites une décoction. Filtrez. Utilisez en dernière eau de rinçage.

Pour donner du brillant aux cheveux noirs

3 poireaux.
1/2 l d'eau.

Faites une décoction. Filtrez. Utilisez en dernière eau de rinçage.

Pour donner de l'éclat aux cheveux châtains

50 g de feuilles de noyer. 1 l. d'eau.	Faites une décoction. Filtrez. Utilisez en dernière eau de rinçage.

Contre les cheveux gris

1 cuill. café de thé noir. 1 cuill. café de sauge. 1 l d'eau.	Faites bouillir 2 heures les plantes dans l'eau. Filtrez. Utilisez en dernière eau de rinçage.

5. Les techniques beauté et santé des cheveux

a) Le brossage

Premier soin de beauté du cheveu, il contribue activement à sa santé. En le massant légèrement, il permet le décollement du cuir chevelu, et par conséquent l'oxygénation, stimule la circulation sanguine au niveau du crâne, lubrifie les cheveux en répartissant sur toute leur longueur le sébum sécrété par le cuir chevelu, les dépoussière, leur donne du corps, du volume et du brillant et facilite la pénétration des produits spécifiques traitants.

EN PRATIQUE :

➠ Brossez les cheveux plusieurs fois de suite doucement sans tirer, du front vers la nuque et les extrémités des cheveux.

➠ Vous pouvez aussi les brosser la tête rejetée en avant, en commençant par la nuque vers les pointes.

À SAVOIR :

➠ Le brossage doit se faire deux fois par jour, matin et soir.

➠ Choisissez une brosse en soies naturelles ou en poils de sanglier de bonne qualité, aux poils arrondis. Choisissez des soies dures pour les cheveux épais et des soies plus souples pour les cheveux fins. Évitez les poils synthétiques, en matière plastique, aux bouts pointus qui irritent, blessent et électrisent le cheveu. Le peigne doit être en corne, en bois ou en écaille.

➠ La brosse doit toujours être d'une propreté irréprochable : lavez-la régulièrement.

➠ Brossez les cheveux vigoureusement mais sans tirer outre mesure. S'ils sont très emmêlés, démêlez-les d'abord avec le peigne.

➠ Prenons modèle sur nos grands-mères qui affirmaient qu'il ne fallait pas moins de 100 coups de brosse matin et soir pour bénéficier d'une belle chevelure. Elles n'avaient pas tort !
➠ En cas de cheveux gras, le brossage doit être très doux pour éviter de stimuler la sécrétion de sébum déjà importante. Avant le brossage, saupoudrez les cheveux d'une pincée de poudre d'iris ou de lycopode.
➠ Pour une oxygénation optimale de la chevelure, il est de règle de procéder au brossage avec deux brosses en alternance : une brosse dans chaque main, tête baissée, commencez par la nuque et, à un rythme doux et régulier, passez-les l'une après l'autre pendant 5 min environ.

b) Le massage

La mauvaise circulation est responsable de nombreux problèmes capillaires au niveau du cuir chevelu ; entre autres, elle entraîne une asphyxie donc une mauvaise nutrition des cellules qui peut aller jusqu'à la chute des cheveux.

Le massage active la circulation, aère le cuir chevelu, détend les muscles contractés, permet une meilleure assimilation de la nourriture et une meilleure évacuation des déchets au niveau de la tête. De plus, il facilite l'absorption des produits traitants.

Il consiste en un simple décollement du cuir chevelu par la pression douce des doigts.

EN PRATIQUE :
➠ Posez vos mains sur la tête, doigts écartés bien à plat sur le crâne.
➠ Faites tourner doucement mais fermement vos mains en entraînant et en mobilisant le cuir chevelu (que vous devez sentir bouger).
➠ Décrivez lentement des cercles avec vos doigts et sentez là aussi bouger la peau.
➠ Changez vos mains de place afin de couvrir toute la surface du crâne.

À SAVOIR :
➠ Le massage peut se faire sur cheveux secs ou mouillés : à sec ce sera le matin et (ou) le soir avant le brossage ; cheveux mouillés, il favorisera la pénétration de l'huile traitante ou de la lotion que vous aurez appliquées.

La qualité de votre cuir chevelu

Pour tester la qualité de votre cuir chevelu :

➠ *La souplesse :* devant une glace, placez vos mains sur le crâne, doigts écartés et bien à plat. Essayez de faire bouger votre cuir chevelu. Si vous le sentez facilement avec souplesse, pas d'inquiétude : il est sain. En revanche, si vous percevez une certaine rigidité et adhérence du cuir chevelu au crâne : c'est un signe de problèmes.

➠ *L'épaisseur :* pincez la peau entre le pouce et l'index en plusieurs endroits. Les zones où le cuir chevelu vous semble dur et épais sont fragilisées par des altérations du tissu conjonctif et une accumulation de déchets, une circulation déficiente qui empêche le cheveu d'être nourri suffisamment.

c) Recettes en vrac

➠ Pour combattre la chute des cheveux, le massage du cuir chevelu à la gousse d'ail serait très efficace, de même que pour le traitement de la séborrhée.

➠ Pour faire disparaître les pellicules, massez les cheveux au vinaigre de cidre quotidiennement. Des frictions à l'huile essentielle de lavande, au jus de cresson ou au sel marin seraient également efficaces.

➠ Pour les cheveux gras, un plus : ajoutez 1 cuill. soupe de gros sel marin à votre shampooing habituel, puis rincez à l'eau tiède additionnée d'un jus de citron.

➠ Pour avoir des cheveux souples et brillants, remplacez votre dernière eau de rinçage par une infusion de laurier ou une décoction de romarin pour les cheveux foncés, une infusion de camomille pour les cheveux blonds.

➠ Coupez vos cheveux en lune croissante afin qu'ils poussent avec force et vigueur.

➠ Un jus de citron ajouté à votre dernière eau de rinçage améliore les cheveux gras, mais en même temps éclaircit le cheveu.

➠ Contre les cheveux gras, des frictions au jus de citron ou de choucroute.

➠ Pour éviter les cheveux blancs, lotionnez cheveux et cuir chevelu matin et soir avec une lotion au magnésium (diluez un sachet de 20 g de chlorure de magnésium dans 1 l d'eau).
➠ Un shampooing express et très nutritif sera obtenu simplement en battant 1 jaune d'œuf. Rincez à l'eau tiède.
➠ N'oubliez pas le jus de citron ou le vinaigre (1 petit verre pour 2 l d'eau tiède) dans la dernière eau de rinçage. Il désinfecte la peau en profondeur, restaure l'équilibre naturel en acide du cuir chevelu, aide à supprimer pellicules et démangeaisons.
➠ Pensez au rinçage des cheveux à la bière, qui facilite la mise en plis, donne de l'apprêt aux cheveux, est excellente pour tonifier le cuir chevelu et donner de l'éclat aux cheveux.

6. Les soins du corps

Ce n'est pas parce que notre corps est caché sous nos vêtements, bien à l'abri des regards, que nous devons le négliger et l'oublier. Il existe bel et bien et, au même titre que notre visage, nos mains ou nos cheveux, il a besoin de soins d'hygiène et de beauté.

Les vêtements le maintiennent dans une atmosphère confinée qui ne favorise pas le renouvellement cellulaire, pas plus que la sueur en contact constant avec la peau ou les déchets du métabolisme. Il est donc nécessaire de le nettoyer, le purifier, le débarrasser de ses salissures, le soigner et le protéger par des soins spécifiques.

Le corps aussi vieillit ; même si sa peau ne se ride pas comme celle du visage, elle se fige, devient atone, perd de son élasticité, et les muscles se ramollissent. Le tissu conjonctif se relâche, la déshydratation est accélérée, la sécrétion de sébum est plus ou moins perturbée et les cellules se renouvellent moins rapidement.

Notre premier recours pour assurer à notre corps fermeté, souplesse, tonicité… c'est l'eau ; l'eau est notre grande alliée… Usez-en et abusez-en !

Les Anciens, pour qui les bains (sources, mer) étaient pratiques courantes, le savaient bien et connaissaient instinctivement les effets bienfaisants et les propriétés thérapeutiques de l'eau. Les fastueux thermes romains sont là pour l'attester. Les hammams d'Afrique du Nord aussi, de même que les saunas finlandais. L'eau est un merveilleux produit de beauté offert par la nature, et les belles des siècles passés en ont abondamment profité… excepté peut-être les XVIIe, XVIIIe et XIXe siècles où l'on cachait sa crasse sous une multitude de fards, parfums et perruques. Mais à la fin du XIXe siècle, on redécouvrait grâce à Sébastien Kneipp les vertus curatives et embellissantes de l'eau et, depuis, cette mode perdure.

L'hydrothérapie agit sur le système circulatoire qu'elle stimule, active le système immunitaire, tonifie le corps et le dynamise. Les bains, douches, frictions seront donc les premiers soins d'hygiène et de bien-être du corps ; vous les améliorerez encore en y incorporant des extraits végétaux, de l'argile, du son, des éléments adoucissants, des huiles végétales dont les effets stimulants, hydratants, lubrifiants, revitalisants, raffermissants ou amincissants se communiqueront aux bains.

Le nettoyage du corps s'effectuera avec un savon doux, sans composants chimiques ni détergents agressifs pour la peau. Après ces ablutions proprement dites, il sera important d'appliquer des produits spécifiques selon l'effet recherché (huiles, crèmes, lotions, vinaigres de toilette) en massages ou en frictions.

Bien entendu, des exercices de gymnastique, la pratique d'un ou plusieurs sports seront nécessaires pour conserver longtemps jeunesse et souplesse du corps.

a) Nettoyer l'épiderme avec un savon doux

Les anciens Grecs et Romains ne connaissaient pas le savon ; l'eau était le principal agent de nettoyage, accompagnée de certaines matières minérales (salpêtre) ou végétales (saponaire, bois de Panama). Le tout était suivi d'onctions aux huiles végétales. Les Gaulois furent les premiers à réaliser un produit mou savonneux à partir d'un mélange de suif et de cendres, mais ce sont les Arabes qui reprirent le procédé pour obtenir un savon dur à base d'huile d'olive et de soude tel que nous le connaissons aujourd'hui et qui restera le corps gras exclusif pour la fabrication des savons. Dans toutes les cités autour de la Méditerranée (royaume de l'huile d'olive), les savonneries naissent et vont prospérer jusqu'au XVIIIe siècle. Le savon de Marseille entre dans la légende ainsi que son procédé de fabrication; s'y ajouteront de nombreuses plantes aromatiques (lavande, rose, thym, sauge, serpolet, rose, lys...). Malheureusement, vers la fin du XVIIIe siècle, divers facteurs compromettent cette suprématie : la soude (obtenue jusqu'à présent à partir du sel marin) est désormais artificielle (grâce à l'invention d'un chimiste, Nicolas Leblanc), d'autres huiles (œillette, lin) sont utilisées puis des graisses (coco, coprah, palme), enfin des corps gras animaux (suif, graisses de porc, de poissons) qui abaissent le coût du savon en même temps que sa qualité.

Le retour à la nature, le respect de l'environnement et l'écologie, valeurs montantes de notre fin de XXe siècle, concourent à rechercher plus que jamais pour notre toilette quotidienne le savon fabriqué à la façon de Marseille, entièrement naturel et biodégradable.

Premier geste d'hygiène et de beauté, le savonnage minutieux du corps est une condition *sine qua non* à la propreté. Le choix du savon est très important car il ne doit jamais agresser notre peau; celle-ci étant très légèrement acide lorsqu'elle est en bonne santé, le savon, lui aussi, doit avoir un pH à peine acide, neutre éventuellement, mais jamais basique. Vous le choisirez donc pur, confectionné uniquement au moyen d'ingrédients d'origine végétale, ne contenant aucun colorant, ni parfum, ni adjuvant d'origine synthétique.

EN PRATIQUE :

➠ Enduisez de savon une éponge humide ou un gant de toilette et frottez tout le corps.

➠ Rincez-vous soigneusement plusieurs fois et veillez à ce qu'il ne reste aucune trace de savon sur la peau.

À SAVOIR :

➠ Un dernier rinçage au moyen d'une eau légèrement citronnée ou vinaigrée complétera le nettoyage tout en conservant à la peau son acidité normale.

Les savons

L'eau utilisée pour le savonnage, et encore plus pour le rinçage et les soins de beauté, doit être pure, exempte de chlore et très peu minéralisée. Si elle est trop calcaire, elle bloquera les sels organiques sous forme de composés calciques inactifs qui irritent l'épiderme et obstruent les pores.

Si vous avez du temps et l'envie de fabriquer vous-même votre savon, voici une recette que vous pouvez transformer selon vos goûts en jouant sur les huiles essentielles utilisées.

Un bon savon de beauté doit répondre à plusieurs critères : préparé à partir de matières premières de qualité supérieure, un pH suffisant pour une bonne autoprotection microbicide, une teneur en graisses suffisante à l'épiderme, le soin apporté à sa fabrication. Pour cela vous rechercherez des savons (magasins de diététique et produits naturels) dont la saponification s'est effectuée à l'ancienne (savons dits de Marseille) au moyen uniquement de produits végétaux – huile de coprah, arachide, olive, beurre de karité, dont les autres ingrédients sont uniquement de première qualité (huiles essentielles, argile, algues, miel, huile d'amande, germe de blé...) –, ne contenant ni colorants chimiques ni parfums artificiels et autres adjuvants synthétiques, et dont le pH légèrement acide ou très légèrement basique préserve l'intégrité de l'épiderme.

Savon doux (pour toutes peaux)

100 g de copeaux de savon de Marseille.
15 gouttes d'huile essentielle (verveine, lavande, ylang-ylang...).
100 g de miel.
3 cuill. soupe d'eau florale ou d'eau de source ou d'infusion.

Mettez les copeaux dans une casserole au bain-marie avec l'eau florale, l'infusion ou l'eau. Tournez sans cesse avec une spatule en bois. Une fois le savon fondu, incorporez le miel et remuez.

Dès que la préparation est bien homogène, ôtez du feu, ajoutez l'huile essentielle et tournez jusqu'à obtention d'une pâte onctueuse. Formez alors deux boules entre les mains en travaillant vite car le savon durcit. Mettez à sécher dans une pièce tempérée et aérée 2 à 3 jours.

Savon pour le corps

100 g de graisse de palme ou de coco.
1 cuill. soupe de copeaux de savon de Marseille.
10 cl d'huile d'amande douce ou d'olive.
3 gouttes d'huile essentielle (santal, verveine...).
4 cuill. soupe de lait.

C'est une recette un peu plus économique.

Faites fondre doucement la graisse de palme avec l'huile choisie et à part le savon dans le lait. Mélangez ensemble les deux préparations en leur ajoutant l'huile essentielle. Versez ce mélange dans un petit moule rond et laissez prendre. Quand le savon est dur, le démouler.

b) Hydrater avec des huiles de beauté

Pour empêcher la peau de devenir rêche et sèche, pour régulariser son taux d'hydratation, améliorer son élasticité, conserver sa vitalité, sa douceur et sa fermeté, le recours à ce produit de beauté nourrissant et régénérant s'avère indispensable et ô combien agréable.

Des huiles végétales telles que l'huile d'amande douce, de sésame ainsi que le beurre de karité appliqués en effleurages circulaires sur tout le corps feront merveille, deux à trois fois par semaine au minimum.

EN PRATIQUE :

➠ Après le bain ou la douche, appliquez l'huile en massage jusqu'à ce qu'elle soit absorbée totalement, en insistant sur les parties sèches du corps.

À SAVOIR :

➠ Si vous faites une friction juste avant, les principes actifs ne pénétreront que mieux.

Les huiles de beauté

Comme pour le visage, les huiles sont de deux sortes : les simples, qui ne nécessitent aucune préparation ; les meilleures pour le corps sont les huiles de sésame, d'olive, de noisette, de coco, d'amande douce. Sans oublier le beurre de karité et le monoï. Quant aux autres, plus sophistiquées, vous les obtiendrez en faisant macérer dans une des huiles précitées (ou un mélange d'huiles) une ou plusieurs plantes soit par un mélange d'huiles végétales additionnées d'huiles essentielles, ou encore par une combinaison de ces deux techniques. Quelques exemples : huile de lavande (détend et apaise), huile de serpolet (favorise le bronzage), huile de romarin (tonifie), huile de camomille (soulage les rhumatismes), huile de lys (adoucit l'épiderme, entretient la fraîcheur de la peau), huile de sauge (revitalise les tissus), huile de fenouil (atténue les rides), huile de souci (nourrit les tissus).

Huile calmante

15 cl d'huile d'amande douce.
10 cl d'huile de rose musquée.
20 fleurs de mauve.
20 fleurs de tilleul.
20 fleurs d'oranger.
15 gouttes d'huile essentielle de mandarine ou de petit grain bigaradier.

Mettez les fleurs et l'huile à macérer huit jours au soleil. Filtrez et ajoutez l'huile essentielle.
Cette huile favorise le sommeil.

Huile acidulée

25 cl d'huile végétale au choix.
L'écorce d'un citron.
L'écorce d'une orange.
10 gouttes d'huile essentielle d'orange.
10 gouttes d'huile essentielle de citron.
3 gouttes d'huile essentielle de santal.

Faites chauffer au bain-marie l'huile avec les écorces 30 min environ. Filtrez et ajoutez les huiles essentielles.

Huile pour peaux grasses

25 cl d'huile de noisette.
15 gouttes d'huile essentielle de citron.
15 gouttes d'huile essentielle de cyprès.
15 gouttes d'huile essentielle de pamplemousse.

Mélangez soigneusement tous les ingrédients. Antiseptique et cicatrisante.

Huile splendeur

15 cl d'huile de sésame.
10 cl d'huile de rose musquée.
5 fleurs de lys.
10 boutons de rose.
10 fleurs de lavande.
8 gouttes d'huile essentielle de néroli.

Mettez à macérer au soleil pendant une vingtaine de jours les fleurs dans les huiles. Filtrez et ajoutez l'huile essentielle. Régénère et revitalise tout l'épiderme. Peut aussi s'employer sur le visage.

c) Rafraîchir et dynamiser avec une lotion

Elle sera à base de plantes et d'huiles essentielles. Très appréciée à tout moment de la journée pour se rafraîchir, surtout en période chaude, la lotion peut être aussi appliquée seule au sortir de la douche ou du bain ou encore avant le massage à l'huile. Les lotions sont également hydratantes, raffermissantes et revitalisantes.

Les lotions

Vous fabriquerez tout simplement vos lotions en préparant des infusions ou des décoctions de plantes.

Lotion boisée

1 poignée de romarin, menthe.
1 écorce de citron.
1 pointe de muscade râpée.
1 cuill. café de cannelle.
Quelques pétales de rose.
20 gouttes d'huile essentielle de santal.
30 cl d'eau bouillante.

Faites infuser tous les ingrédients dans l'eau bouillante (sauf l'huile essentielle) pendant 15 min. Filtrez et incorporez le santal dilué auparavant dans un peu de dispersant.

Lotion astringente

1 poignée de sauge et de prêle.
1 cuill. soupe de vinaigre de cidre.
25 cl d'eau.

Faites une infusion avec les plantes et l'eau. Filtrez et incorporez le vinaigre.
Sur le même modèle, faites des lotions à la violette, au romarin, à la lavande, etc.

d) Raffermir et tonifier avec un vinaigre de toilette

Très en vogue jusqu'au début du siècle, ces dames du temps jadis en faisaient grand usage ; il dissout le calcaire de l'eau, fait la peau douce, exerce sur l'épiderme une action à la fois astringente, tonique et raffermissante, sans oublier ses vertus prophylactiques qui en firent passer plus d'un à la postérité lors des épidémies de peste, celui dit des « quatre voleurs » par exemple.

EN PRATIQUE :
➠ Rincez-vous en fin de douche ou de bain avec une eau additionnée de ce vinaigre (2 cuill. café de vinaigre pour 1 l d'eau) ou (et) effectuez des frictions circulaires sur tout le corps en versant quelques gouttes sur un gant.

À SAVOIR :
➠ À faire régulièrement sur des peaux grasses et normales.

Les vinaigres de toilette

Ne pas utiliser sur une peau présentant encore des traces de savon ; il coagulerait avec la peau.

Le célèbre vinaigre des « quatre voleurs »

1 l de vinaigre de cidre ou de vin.
10 g de lavande.
10 g de thym.
10 g de sauge.
10 g de romarin.
10 g de menthe.
10 g de rue.
10 g d'absinthe.
4 clous de girofle
1 cuill. café de cannelle.
1 pincée de noix de muscade.
1 gousse d'ail hachée.
2 g de camphre.

Mettez le tout dans un flacon et laissez macérer une douzaine de jours. Filtrez et ajoutez le camphre dissous dans un peu de vinaigre.

Vinaigre de la garrigue

1 l de vinaigre de cidre ou de vin.
10 g de thym.
10 g de menthe.
10 de lavande.
10 g de sauge.
10 g de romarin.
10 g de serpolet.
2 citrons.
2 oranges.
1 cuill. café de teinture de benjoin.

Laissez macérer les plantes et l'écorce des agrumes dans le vinaigre 21 jours, filtrez et incorporez le benjoin.

e) Nettoyer en profondeur avec un gommage corporel

Le gommage élimine les cellules mortes, l'excès de sébum et relance les fonctions vitales de la peau, la tonifiant, l'adoucissant et désincrustant les pores à fond. Vous utiliserez ceux préconisés pour le visage en prévoyant bien entendu des quantités plus importantes et en privilégiant ceux à l'argile.

Les cataplasmes ou gommages corporels

La mayonnaise de beauté est également une extraordinaire cure de Jouvence pour l'épiderme auquel elle donne un velouté et une douceur rares. Nous vous en donnons une autre recette que vous confectionnerez indifféremment pour le corps et le visage.

Mayonnaise au miel

5 cuill. soupe d'huile d'amande douce.
3 cuill. soupe d'huile de ricin.
2 cuill. soupe de vinaigre de cidre.
2 cuill. café de miel.
2 œufs.
2 gouttes d'huile essentielle de petit grain bigaradier.

Mélangez ensemble tous les ingrédients, appliquez et laissez agir 20 min. Terminez par un bain ou une douche.

Masque douceur au miel

4 cuill. soupe de miel.
120 g d'eau.
6 cuill. café d'huile d'olive.
2 cuill. soupe de jus de fruits ou de légumes.

Mélangez tous les ingrédients et s'en enduire tout le corps. Laissez agir 30 min environ. Terminez par un bain ou une douche.

Gommage corporel

1 cuill. café de gros sel marin.
5 cuill. soupe d'huile végétale (sésame, olive...).
6 gouttes d'huile essentielle de lavande vraie ou de santal.

Mélangez ensemble tous les ingrédients et utilisez aussitôt en massant par petites rotations toutes les parties du corps.

7. Les techniques beauté et santé du corps

a) Les bains

Ils constituent la plus complète des toilettes, aidés en cela par un bon savon, rafraîchissent l'organisme, aident à éliminer les cellules mortes, font la peau tonique et ferme. Tour à tour selon sa température et les produits que l'on y incorpore, le bain peut être nourrissant (huiles végétales), hydratant, apaisant (miel, lait) tonifiant (huiles essentielles), amincissant (algues, sel marin), adoucissant (son, lait...), désintoxiquant (argile), traitant (extraits de plantes, huiles essentielles).

Rappelez-vous que les principes actifs de ces plantes ou autres éléments agiront avec un maximum d'efficacité lorsque le bain sera bien chaud (36-37 °C) : la chaleur dilate les pores de la peau, d'où une pénétration plus facile de ces éléments à travers la peau, donc une action générale sur l'organisme ; par ailleurs, la chaleur rend les éléments actifs... plus actifs.

Le bain est un moment privilégié, un luxe, un moment idéal de détente. Faites en sorte de ne pas être dérangé et de profiter pleinement de ces minutes.

EN PRATIQUE :
➠ *Chaud (30 à 37 °C) :* c'est le bain du soir, il apaise, calme les tensions et les nerfs (par la baisse de tension momentanée qu'il occasionne), élimine douleurs et courbatures, détend les muscles. De plus il favorise le sommeil, accélère la diurèse et permet une élimination accrue des toxines. Durée 20 min. Une douche fraîche rapide le complète à merveille.
➠ *Tiède (24 à 30 °C) :* favorise la détente nerveuse, rafraîchit lors de grosses chaleurs, tonifie la peau. Durée 10 min.
➠ *Froid (moins de 24 °C) :* très stimulant, il revigore, fortifie les veines, accélère la circulation, mais ne doit pas durer plus de 1 ou 2 min. Coup de fouet matinal, il réveille et met les idées en place. Le faire suivre d'une friction énergique.

À SAVOIR :
➠ Pour vous appuyer contre la baignoire, prenez pour plus de confort un petit coussin en plastique (dans le commerce) ou une serviette éponge pliée en quatre.
➠ Terminez le bain par une douche légère fraîche, ou mieux, froide ; elle achèvera de tonifier la peau et activera la circulation.
➠ Choisissez pour votre bain un moment éloigné des repas.
➠ Profitez du bain pour faire travailler vos muscles ; quelques exercices de gymnastique appropriés seront doublement profitables.

➠ Pensez à la pierre ponce ; passée sur les peaux rêches, elle les adoucit.
➠ Veillez à bien rincer votre corps pour éliminer toute trace de savon.
➠ Choisissez un savon doux sans composants chimiques.
➠ Ne nettoyez pas la baignoire avec des détergents agressifs pour votre peau ; brossez les parois de la baignoire, puis rincez à l'eau très chaude.
➠ Pour éviter de glisser dans la baignoire, placez au fond un tapis spécial antidérapant.

Les bains

Pour exploiter à fond votre bain, augmentez ses vertus embellissantes et curatives en lui incorporant divers éléments qui justifieront pleinement l'expression « bain de beauté ».

Bains simples

➠ Plantes fraîches ou sèches, au choix, mises à infuser directement dans l'eau du bain (ou mieux dans un petit sachet) ; pensez à les retirer avant de vider la baignoire.
➠ Infusion ou décoction de plantes : pour se détendre (mélisse, camomille, tilleul, aiguilles de pin, mauve), pour retrouver la forme (lavande, menthe, romarin, thym, sauge).
➠ Pour adoucir la peau : 200 g à 1 kg de son.
➠ Pour les peaux sèches : 200 g de farine d'avoine, de seigle ou de blé.
➠ Pour tonifier, détoxiquer et faire transpirer : 250 g de gros sel marin.
➠ Quelques gouttes d'huiles essentielles diluées dans 3 cuill. soupe d'huile végétale.
➠ 200 g de bicarbonate de soude + 5 gouttes d'huile essentielle de lavande.
➠ Pour amincir : algues fraîches ou séchées.
➠ Pour désincruster la peau et la détoxiquer : 200 g d'argile verte en poudre.
➠ 100 g de levure de bière.
➠ Pour peaux grasses : 1/2 l de vinaigre de cidre.
Vous disposerez ces produits quand c'est possible dans de petits sachets en gaze, mousseline, dans des collants ou encore dans des gants de toilette bien fermés.

Bain amincissant

100 g de rassoul.
3 cuill. soupe de gros sel marin.
250 g d'algues fraîches ou 60 g sèches.
300 g de feuilles fraîches de lierre (80 g de sèches).
10 gouttes d'huile essentielle de citron.
10 gouttes d'huile essentielle de cyprès ou de cèdre.

Mélangez les ingrédients dans le bain.

Bain adoucissant

200 g de son.
100 g d'argile.
1 l de lait.
100 g de miel.
10 gouttes d'huile essentielle de lavande vraie.

Versez dans le bain chaud, le lait, le miel, l'huile essentielle et l'argile et un petit sachet contenant le son.

Bain merveilleux digne de Cléopâtre

250 g de sel marin.
100 g de bicarbonate de soude.
3 l de lait.
350 g de miel.
4 cuill. soupe d'huile d'amande douce.
10 gouttes d'huile essentielle de géranium, lavande ou citron.

Rend la peau souple, douce et d'un éclat incomparable.
Son seul inconvénient : le prix de revient!

Les sels de bain

250 g de gros sel marin non raffiné.
5 à 10 gouttes d'huile essentielle au choix. À privilégier : pin, romarin, verveine, cyprès, origan, lavande, citron, sauge, marjolaine et eucalyptus.

Leur préparation est simple et vous pourrez les conserver très longtemps. Broyez au mixer ou au moulin à café le sel. Versez-le dans un flacon en verre. Par-dessus, ajoutez l'huile essentielle choisie (ou un mélange). Refermez bien votre flacon. Laissez reposer une dizaine de jours en le remuant fréquemment avant d'utiliser. Utilisez à raison de 2 cuill. soupe par bain.
Avec cette méthode, vous pouvez obtenir de nombreux bains aux vertus combinées du sel marin et des huiles essentielles.

b) La douche

Plus rapide et plus énergique que le bain, la douche n'en est pas pour autant moins efficace et s'avère indispensable après tout exercice physique. Elle participe pour une grande part de la toilette quotidienne, permet d'éliminer le soir les poussières accumulées pendant la journée ainsi que les toxines internes et la sueur, tout en apportant à la fois détente et énergie.

Chaude, elle décontracte et calme ; froide elle réveille, dynamise ; alternée, elle active la circulation, revigore tout l'organisme, tonifie la peau qu'elle laisse toute rose et douce.

Utilisez des jets à pression très forte, vous bénéficierez d'un véritable massage, et terminez votre douche par une aspersion rapide d'eau froide sur les membres inférieurs afin de fortifier les veines.

Une douche peut souvent se suffire à elle-même. Nul besoin de se savonner outre mesure deux fois par jour; car si le manque de lavage est mauvais, l'excès l'est tout autant.

Le savonnage répété détruit la flore protectrice acide de l'épiderme, qu'il laisse sans défense.

À SAVOIR :

➠ Faites plusieurs rinçages à l'eau chaude et le dernier à l'eau fraîche ou froide.

➠ Le savon n'est pas indispensable à chaque douche.

➠ Pensez aux frictions juste après la douche.

➠ Appliquez une huile ou une lotion corporelle.

➠ *La douche écossaise :* idéale pour activer la circulation et réveiller le matin, elle consiste dans l'alternance de jets d'eau chaude et d'eau froide; le dernier jet est froid, le premier chaud. Elle tonifie la peau pour qui elle est une gymnastique de qualité, de même que pour les muscles qui se détendent à la chaleur et se contractent au froid. Pratiquée régulièrement, elle constitue un soin extrêmement bénéfique pour tout le réseau veineux, évite le relâchement cutané, conserve une peau ferme et tonique. Particulièrement recommandée pour tous les problèmes de circulation au niveau des jambes (varices, jambes lourdes, pieds froids, fourmillements…).

c) Les frictions

Indispensables après la douche ou le bain, elles se pratiquent soit à mains nues, soit au moyen d'une serviette éponge, d'un gant de toilette, d'un gant de cuir, d'un loofah ou d'une brosse, sur tout le corps par des mouvements circulaires remontants.

La friction sèche débarrasse l'épiderme des cellules mortes accumulées en surface, ce qui permet à celles du dessous de s'épanouir; la peau ainsi libérée peut respirer librement. Elle active aussi la circulation sanguine périphérique, régénère les tissus, draine les déchets et élimine les toxines. Le sang afflue à fleur de peau (effet hyperémiant) grâce à la friction, d'où une meilleure nutrition des muscles et une pénétration plus facile des cosmétiques.

EN PRATIQUE :

➠ Peau bien séchée, frictionnez tout le corps en commençant par les pieds et en remontant par mouvements circulaires. Changez de main pour pouvoir atteindre toutes les parties du corps.

➠ Appliquez en massant l'huile ou la lotion choisie.

➠ Pour habituer votre peau à la friction sans la brusquer, commencez par des frictions à mains nues ; au bout de quelques jours, utilisez une serviette sèche ou un gant, puis passez au loofah, à la brosse ou au gant de crin. Le gant de crin est à réserver pour les peaux solides, épaisses ; pour les autres, plus délicates, le loofah ou la brosse en soie de sanglier sont préférables, surtout en cas de cellulite ou problèmes circulatoires.

➠ Ne forcez pas lors de frictions, c'est la rugosité du matériau utilisé qui fait tout le travail.

➠ Les frictions sont à faire au minimum 1 à 2 fois par semaine.

➠ Vous pouvez décupler les effets bienfaisants de cette friction en versant sur le gant quelques gouttes d'huile essentielle dont la pénétration sera maximale grâce à l'hyperémie provoquée par la friction.

➠ N'oubliez pas la pierre ponce (morceau de lave séchée, très poreuse), irremplaçable pour les talons, les coudes et les plantes des pieds ; elle transformera la peau rugueuse et épaisse en une peau douce et fine en éliminant les peaux mortes et les callosités.

d) Les bains de vapeur

Tout droit issus des antiques thermes romains, les plus connus sont le sauna d'Europe du Nord et les hammams d'Afrique du Nord. Tous deux ont comme finalité de provoquer la sudation (dilatation des pores) afin de permettre un nettoyage en profondeur de la peau, une élimination des toxines et une amélioration de la vigueur physique.

La chaleur permet également la détente de tout l'organisme, des tensions nerveuses et musculaires entre autres, active la circulation en raffermissant le système veineux et artériel.

Leur principe est simple : sous l'effet de la chaleur, le corps transpire, les pores s'ouvrent, laissant filtrer la sueur qui véhicule toxines et impuretés ; la douche ou le bain qui suit achèveront de les éliminer.

e) Le sauna

Bain de vapeur sèche, il est contre-indiqué en cas de problèmes cardio-vasculaires.

EN PRATIQUE :
- Douche ou bain tiède ou chaud.
- Sauna pendant 5 à 20 min (la température augmente progressivement).
- Douche tiède ou froide si vous la supportez.
- Appliquez le produit de soin.

f) Les hammams

Direct héritier des thermes romains, comme eux ils sont constitués d'une succession de salles dont chacune possède un rôle bien précis : bain de vapeur, bain chaud, bain froid, salle de détente, massage, et où l'on passait facilement quelques heures.

Moins sophistiqués, les hammams modernes sous forme de cabine où l'on peut entrer à deux, trois, quatre, parfois plus, permettent de bénéficier à domicile ou chez son esthéticienne de cette technique.

L'avantage du hammam est que l'on peut utiliser la vapeur d'eau comme véhicule des principes actifs végétaux des huiles essentielles, ce qui permet d'ajouter les bienfaits de l'aromathérapie à ceux du bain

Atout beauté : un déodorant plus que naturel !

Pour éviter la transpiration nauséabonde, vous pouvez utiliser le cristal d'alun. Ces roches pures et non parfumées sont des produits totalement naturels et non transformés. Aucune allergie ou irritation de la peau n'est à craindre. Après le bain ou la toilette, passer le cristal sous les aisselles ou tout autre endroit du corps. Par dépôt d'un film invisible protecteur, vous voilà protégée pour la journée des bactéries responsables des odeurs indésirables. Au cours de la journée, vous pouvez y avoir recours en le passant sous l'eau avant application.

de vapeur qui, de plus, présenterait moins de risques pour les personnes fragiles du cœur et serait plus facilement supportable.

En pratique :
- Prenez une douche chaude ou tiède.
- Rentrez dans le hammam 15 à 20 min.
- Prenez un bain rapide tiède ou froid.
- Massage avec une huile végétale aux huiles essentielles.

À savoir :
- Ne pas dépassez pas 20 min pour un bain de vapeur. Commencez par des séances courtes de 5 min puis augmentez progressivement, surtout pour le sauna.

g) Quelques mots sur l'épilation

Par nature, c'est un acte artificiel auquel ont sacrifié les femmes de presque toutes les époques et de presque tous les pays, qui répondent ainsi à un besoin d'esthétisme, de pureté, non compatible dans notre esprit avec l'abondance de poils. Si l'épilation est vieille comme le monde, les techniques, elles, ont évolué à travers les siècles, et nous en trouvons de plus ou moins barbares (certaines nous laissent la peau à vif!) qui vont de la boule de sucre et de citron fondu, encore utilisée en Afrique du Nord et qui arrache les poils, au mélange de chaux et d'amidon, qui les brûle. Aujourd'hui, nous avons le choix des moyens mais, après analyse, seule la cire chaude ou froide est recommandable, ou encore l'épilation au miel (plus rare).

Les différentes façons de s'épiler :
- *Le rasoir mécanique :* le poil n'est pas arraché mais coupé à sa base. Il en sort fortifié avec une repousse activée. Les poils vont donc revenir plus fournis, plus foncés et plus durs et, de plus, il y a risque de coupure.
- *Le rasoir électrique :* même chose que pour le rasoir mécanique.
- *Les crèmes dépilatoires :* outre les risques d'allergie, la repousse du poil est stimulée. À ne jamais utiliser sur des coupures, boutons, égratignures, irritations de l'épiderme.
- *Les cires :* les plus proches des procédés traditionnels. Elles sont issues en général des cires d'abeille ou de résine de pin. Moyen le plus efficace et le plus sain d'éliminer les poils superflus, qui seront

ainsi affaiblis et repousseront de plus en plus fins et même, au bout d'un certain temps, ne repousseront plus du tout.

EN PRATIQUE :

➠ Étalez la cire fondue (ni trop chaude ni trop froide) avec une spatule dans le sens du poil, puis attendez quelques secondes que la cire durcisse avant de tirer du bas vers le haut (dans le sens inverse des poils).

➠ Procédez en plusieurs bandes. Il faut parfois passer deux à trois fois au même endroit pour une épilation impeccable.

➠ Si vous avez des problèmes vasculaires, vous utiliserez de préférence la cire froide ou l'épilation au miel pratiquée par certains instituts, qui se liquéfie à basse température et qui ne brûle pas.

➠ Les différentes cires se présentent en bloc à faire fondre, en bandelettes prêtes à l'emploi ou en flacons munis d'applicateur à roulettes très facile d'utilisation.

➠ Vous n'oublierez pas après l'épilation d'appliquer une crème ou une huile apaisante sur la peau.

Atout beauté

Savez-vous que le temps entre deux épilations sera augmenté si vous vous épilez en fin de lune décroissante.

Dans la section «Les soins du corps», nous avons donné des conseils généraux et indiqué des soins valables sur tout le corps… Certaines parties plus fragiles ou plus touchées par des problèmes spécifiques : circulatoires pour les jambes, cellulite sur le ventre et les cuisses, vieillissement dû au soleil, vergetures pour la femme enceinte… demanderont des soins particuliers que vous devrez appliquer en complément de ceux déjà cités. C'est de ces soins dont nous allons vous entretenir.

8. Les soins des mains

Il faut instruire ses mains comme son esprit.

Voltaire.

Les mains, encore plus que notre visage, sont soumises continuellement à toutes sortes d'agressions extérieures : pluie, vent, froid, soleil, pollutions, et à des contacts répétés avec l'eau, la terre, les détergents, les savons et autres produits de nettoyage, qui agressent la peau délicate de nos mains, la déshydratent, et au lieu de la peau fine, douce et souple que nous sommes en droit d'attendre, nos mains sont dures, rêches, parfois même gercées.

Plus que toute autre partie du corps, nos mains sont fragiles et se flétrissent rapidement, avant même le visage, en l'absence de tout soin. D'autant que si la peau du dos de la main est facilement fine et douce grâce aux nombreuses glandes sébacées, productrices de sébum, qui la protègent, la peau de la paume est rugueuse et sèche car elle ne contient aucune glande sébacée. C'est donc à double titre que nous devons apporter à nos mains des soins attentifs constants, et ce avec deux objectifs principaux : protection et hydratation.

Des huiles de beauté, en particulier huile d'amande douce ou d'olive, additionnées d'huiles essentielles ou de quelques gouttes de jus de citron, appliquées quotidiennement, le tout renforcé par des massages et quelques exercices adaptés, sont les soins de beauté élémentaires de nos mains.

Un « gant cosmétique » (ou enveloppement) à conserver toute la nuit, un bain d'huile 1 à 2 fois par semaine ainsi que le respect de certaines précautions viendront à bout des mains les plus abîmées.

a) Hydrater et protéger avec une huile ou une crème

Huile ou crème, en isolant vos mains du froid, de l'eau et autres contacts desséchants, assoupliront et adouciront la peau tout en l'hydratant. Cette opération sera à répéter plusieurs fois dans la journée ; la fréquence dépendra des contacts avec l'eau ou des produits agressifs.

EN PRATIQUE :
➠ Mains propres et bien séchées.
➠ Appliquez quelques noisettes de crème ou un peu d'huile dans le creux des mains et sur le dos.
➠ Les deux mains ensemble, massez-les jusqu'à ce que la crème soit entièrement absorbée.
➠ Insistez sur les doigts.

Les crèmes et huiles

Crème adoucissante

10 g de beurre de karité.
20 g d'huile d'amande douce.
2 gouttes d'huile essentielle de citron.
2 gouttes d'huile essentielle d'orange.
2 gouttes de teinture de benjoin.

Mélangez le beurre de karité et l'huile, puis ajoutez les huiles essentielles et le benjoin.

Crème satin

3 cuill. soupe d'amandes en poudre.
1 cuill. soupe de lait.
1 cuill. café de vinaigre de cidre.
5 gouttes d'huile essentielle de lavande vraie.
Racines de guimauve hachées.

Faites une décoction très concentrée de guimauve. Mélangez la poudre d'amande avec le lait, le vinaigre et l'huile essentielle et ajoutez en dernier la décoction de racines de guimauve en quantité suffisante pour obtenir une crème. Conservez dans un pot en verre.

Huile cicatrisante (mains très sèches)

20 cl d'huile d'olive.
75 g de fleurs de souci.

Laissez macérer les soucis dans l'huile pendant 14 jours. Antiseptique et raffermissante, l'huile de souci apporte un soulagement dans le traitement des engelures, crevasses, et adoucit les peaux rugueuses.

b) Nourrir avec un bain d'huile

Une fois par semaine (plus si vos mains sont réellement très endommagées), pensez au bain d'huile pour vos mains. Il fera merveille, embellira la peau et lui permettra de conserver longtemps sa souplesse. Additionné de jus de citron, il fortifiera les ongles et blanchira les mains.

EN PRATIQUE :
➠ Mains propres et bien séchées.

➠ Faites tiédir l'huile puis remplissez à moitié un récipient assez large d'huile et de quelques gouttes de jus de citron.
➠ Trempez vos mains à plat dans cette préparation.
➠ Laissez agir 10 min.
➠ Ôtez vos mains, passez-les sous l'eau en les savonnant avec un savon très gras.
➠ Rincez-les et séchez-les soigneusement.
➠ Enduisez de crème pour les mains.

À SAVOIR :
➠ L'huile utilisée pour le bain peut être réutilisée plusieurs fois.
➠ Vos ongles bénéficieront également de ce traitement.
➠ Le bain d'huile d'olive et jus de citron.
➠ Le bain d'huile d'amande douce et jus d'orange.
➠ Le bain de lait tiède.

Les bains d'huile

Bain fortifiant

10 cl d'huile de ricin.
10 cl d'huile d'olive.
Le jus d'un citron.

Faites tiédir doucement les huiles. Ajoutez le jus de citron, versez dans un bol. Trempez mains et ongles pendant 10 à 15 min. Massez les mains. À faire tous les jours. Fortifie les ongles cassants et soigne les mains abîmées. Réutilisez plusieurs fois la même préparation.

Huile cicatrisante (pour mains très sèches)

20 cl d'huile d'olive.
75 g de fleurs de souci.
15 cl d'huile d'amande douce ou de rose.
10 gouttes d'huile essentielle de ciste.

Laissez macérer les soucis dans l'huile pendant 14 jours. Antiseptique et raffermissante, l'huile de souci apporte un soulagement dans le traitement des engelures, crevasses, et adoucit les peaux rugueuses. Contre les gerçures et les crevasses, essayez le mélange d'huile d'amande douce ou de rose musquée additionné de l'huile essentielle de ciste.

c) Nettoyer et tonifier avec un masque

Vous utiliserez pour cela un masque pour le visage, mais pour peaux sèches. Il nettoiera la peau en profondeur, mais tonifiera aussi toutes ses fonctions en lui apportant de nombreux éléments nutritifs. Le masque la rendra étonnamment souple et douce.

EN PRATIQUE :

➠ Mains propres et bien séchées.
➠ Appliquez le masque sur les deux mains (faites-vous aider éventuellement pour la deuxième main).
➠ Laissez agir 10 à 15 min.
➠ Rincez sous l'eau fraîche.
➠ Massez avec une crème hydratante.

Les masques

Crème masque au miel

2 cuill. café de miel liquide.
2 cuill. café d'eau florale ou d'infusion (hamamélis, tilleul).
4 gouttes d'huile essentielle de lavande, ylang-ylang ou citron.

Mélangez ensemble tous les ingrédients. Massez vos mains longuement avec cette crème. Rincez 20 à 30 min plus tard.

Masque douceur

1 cuill. café d'huile d'olive.
2 cuill. café de miel.
1 cuill. café de jus de citron.
1 jaune d'œuf.

Appliquez le mélange sur les mains et laissez agir 15 à 30 min. Adoucit et nourrit les mains.

d) Préserver la douceur avec des gants cosmétiques

Embellir avec un gant cosmétique est le *nec plus ultra* du soin des mains. Les belles d'autrefois et nos grands-mères du début du siècle y avaient fréquemment recours pour préserver la douceur et la beauté de leurs mains. Il suffit d'une paire de gants usagés (mais propres) en cuir ou en coton que vous enduisez à l'intérieur d'une préparation nourrissante et adoucissante et que vous enfilerez pour la nuit. Pendant 8 heures, les mains seront ainsi sous l'action du cosmétique.

EN PRATIQUE :

➠ Voir préparation du gant cosmétique ci-dessous.
➠ Mains propres et bien séchées.
➠ Enfilez les gants juste avant de vous coucher.
➠ Conservez-les toute la nuit.
➠ Le lendemain, ôtez-les et lavez-vous les mains avec un savon surgras.
➠ Rincez-les et séchez-les soigneusement.

À SAVOIR :

➠ Les propriétés adoucissantes et nourrissantes de ce gant seront conservées pendant environ une quinzaine de jours.

Les gants cosmétiques

Traitement de Jouvence des mains, ils leur permettront de se régénérer pendant la nuit et leur feront au matin la peau douce et souple.

Gants

2 jaunes d'œuf.
2 cuill. soupe d'huile d'amande douce ou d'olive.
15 cl d'eau de rose ou de fleur d'oranger.
6 gouttes de teinture de benjoin.
4 gouttes d'huile essentielle de citron.

Battez les œufs avec l'huile. Ajoutez l'eau de rose, la teinture de benjoin, l'huile essentielle de citron et mélangez bien. Mettez sur l'envers une paire de gants (de coton de préférence) et trempez-les dans cette préparation. Faites-les sécher près d'un radiateur. Ces gants cosmétiques vous resserviront une dizaine de fois.

Gants contre les gerçures

Miel.

Il ne demande que du miel dont vous enduirez largement vos mains. Enfilez des gants par-dessus et conservez toute la nuit.

9. Les techniques de beauté et de santé des mains

a) Le brossage

Il relance la circulation, permet la régénération des tissus et prépare les mains à recevoir et à mieux absorber la crème ou l'huile.

EN PRATIQUE :

➠ Lavez les mains dans l'eau chaude.
➠ Brossez-les dans tous les sens, d'abord le dessus, puis la paume et les doigts sans oublier les poignets.
➠ Douchez les mains à l'eau froide.

À SAVOIR :

➠ Utilisez une brosse en soie naturelle.
➠ Pratiquez ce massage avant l'application d'un soin aux huiles.

b) Le massage

Très agréable, il repose et détend merveilleusement… de plus, il stimule la circulation et est très bénéfique pour les personnes ayant toujours les mains froides ou de l'arthrite. Plus efficace encore si vous avez la chance de trouver un masseur !

EN PRATIQUE :

➠ Commencez par les doigts que vous massez des extrémités vers la main, le pouce droit à l'intérieur, les autres doigts de la main droite sur le dos des doigts de la main gauche.
➠ Massez environ une dizaine de fois des doigts vers la main.
➠ Pétrissez la paume de la main particulièrement au niveau des éminences thénar et hypothénar.
➠ Massez le dos de la main plusieurs fois.

À SAVOIR :

➠ Pour plus de bien-être et d'efficacité, utilisez pour ce massage une crème adoucissante.

Atout beauté : pour éviter les engelures

Vous éviterez les douloureuses engelures, gerçures (qui ne sont rien d'autre que le résultat d'une absence de protection contre le froid et l'humidité combinée à un manque d'activité, et donc à une circulation défectueuse) en enduisant régulièrement votre peau d'une crème ou huile hydratante, en massant vos mains et en leur faisant faire un peu de gymnastique.

c) Conseils généraux pour les soins des mains

➠ Utilisez des gants de caoutchouc pour les travaux dans l'eau (vaisselle, lessive), des gants spéciaux pour le jardinage et, vos grands-mères vous le diraient, ne sortez jamais sans vos gants (l'été des gants de coton, l'hiver des gants de laine ou de cuir)… ce n'est qu'à ce prix que vous conserverez des mains blanches, fines et douces… En pratique, c'est plus difficile.

➠ Évitez les détergents agressifs pour vos mains et pour l'environnement ; utilisez de préférence des produits ménagers naturels ne contenant pas de produits chimiques, moins polluants : vous agirez pour vos mains et pour la terre…
➠ Prenez garde au soleil ! Les expositions intensives accélèrent le vieillissement de votre peau et favorisent l'apparition de ces vilaines taches brunes appelées fort désagréablement « fleurs de cimetières ».
➠ Avant de vous couper les ongles, faites-les tremper dans de l'eau tiède 2 min.
➠ Pour enlever les taches rebelles sur votre peau (nicotine, jus de fruits ou autre) et les rugosités, essayez d'abord le jus de citron ou l'eau oxygénée, puis pensez à cette précieuse oubliée, la pierre ponce, très efficace.
➠ À chaque fois que vous avez les mains mouillées, les sécher soigneusement, les enduire de crème en massant pour bien faire pénétrer.
➠ Le jus de citron nettoie et blanchit les mains ; de plus, il rétablit le manteau acide de la peau ; usez-en plusieurs fois par jour en frictions.
➠ Brossez-vous les mains et les ongles avec une petite brosse, afin de stimuler la circulation, d'éliminer les peaux mortes et d'opérer un léger massage.
➠ Pour le lavage des mains, utilisez uniquement un savon surgras.
➠ Pour ôter les odeurs d'ail, frictionnez vos mains avec du marc de café.
➠ Conservez près du lavabo un citron coupé en deux avec lequel vous frotterez mains et ongles après chaque lavage.
➠ Pour les mains rouges sujettes à une mauvaise circulation, pensez aux bains alternatifs chauds et froids.
➠ Si vous n'avez pas de crème, enduisez vos mains d'huile d'amande douce, d'olive, de sésame ou de jojoba.

10. Les soins des ongles

Les ongles, qui sont pour beaucoup la beauté de nos mains, ne demandent que peu de soins : une hygiène correcte qui consiste à garder la cuticule toujours bien nette, les ongles propres, et à surveiller leur longueur. Particulièrement sensibles à l'état général, ils reflètent inexorablement notre bonne ou mauvaise santé. Les bains et onctions à l'huile comme pour les mains sont particulièrement favorables et vivement recommandés aux ongles fragiles, cassants, qui ont tendance à se dédoubler.

EN PRATIQUE :

➠ Gardez toujours les ongles propres.
➠ Brossez-les le plus souvent possible à l'aide d'une petite brosse.
➠ Limez les extrémités régulièrement, de préférence avec une lime en carton.
➠ Nettoyez le dessous des ongles avec un coton trempé dans de l'eau oxygénée à 10 volumes.
➠ Repoussez doucement la cuticule à l'aide d'un bâtonnet pour bien dégager la base de l'ongle.
➠ Massez les lunules par petites rotations avec une huile d'amande douce, d'olive ou de noisette… additionnée de quelques gouttes de jus de citron.
➠ Trempez vos ongles dans un bain d'huile légèrement chauffée + le jus d'1 citron, une à deux fois par semaine pour les ongles très abîmés. Vos mains en profiteront également.

À SAVOIR :

➠ Conservez l'huile de trempage ; elle pourra servir plusieurs fois.
➠ Ne coupez jamais les peaux, mais repoussez-les.
➠ Les soins des mains seront bénéfiques aux ongles.
➠ Évitez les vernis qui empêchent les ongles de respirer et les affaiblissent, de même que les dissolvants utilisés pour l'enlever, souvent responsables du mauvais état des ongles.

Nos ongles nous parlent

Apprenons à écouter le langage de nos ongles :

➠ ***Cassants :*** **signe d'anémie.**
➠ ***Écailleux :*** **manque de repos et de sommeil, dérèglement parathyroïde.**
➠ ***Friables :*** **faiblesse nerveuse, surmenage.**
➠ ***Rongés :*** **nervosité, stress.**
➠ ***Hachés de blanc :*** **déminéralisation calcique.**
➠ ***Mous :*** **déminéralisation.**

11. Les soins de la poitrine

Symbole de la féminité par excellence, nos seins sont un motif constant d'insatisfaction et ils ne nous «comblent» que rarement. Trop gros, trop petits, tombants, pas assez fermes, ce sont des attributs fragiles que nous aimerions conserver fermes, doux et bien galbés le plus longtemps possible. Si nous ne pouvons trouver une réponse esthétique douce aux problèmes de volume de la poitrine (modifier la taille des seins ressort du domaine de la chirurgie), des soins naturels, simples et efficaces peuvent agir sur leur tenue, leur élasticité, leur fermeté et leur tonicité. Conjointement, ces soins nécessiteront la mise en application d'exercices de gymnastique et de natation, de pratiques d'hydrothérapie, de massages et l'utilisation de lotions et huiles aux plantes et huiles essentielles.

Un autre point primordial à prendre en compte (et à modifier sur l'heure) : notre maintien. Le dos rond, les épaules rentrées sont incompatibles avec une belle poitrine et une silhouette élégante. Aussi, redressez-vous, tenez-vous bien droite, épaules rejetées en arrière, poitrine en avant, et vous voilà prête à conquérir le monde. Spectaculaire la transformation, non? Les seins sont remontés, et l'allure générale est dynamique; le moral est au beau fixe.

a) Raffermir avec une lotion spécifique

EN PRATIQUE :

➠ Appliquez sur les seins des compresses fraîches imbibées d'une lotion dont l'action tonifiante et stimulante agira sur la qualité de l'épiderme et sur la nutrition des tissus (par activation de la circulation sanguine).

➠ Appliquez matin et soir avant le massage à l'huile.

Les lotions

Lotion raffermissante

30 g de fleurs et feuilles d'alchémille.
1/2 l d'eau froide.

Préparez une décoction d'alchémille avec l'eau froide. Faire bouillir 10 min l'eau et les plantes. Laissez refroidir et filtrez.

Lotion tonifiante

30 g de serpolet.
30 g de thym.
20 g de romarin.

Faites une infusion avec ces plantes. Laissez refroidir et filtrez.

b) Adoucir et hydrater avec une huile nourrissante

Les huiles apportent douceur, souplesse à l'épiderme et évitent le vieillissement des tissus.

En pratique :

➡ Appliquez l'huile en massant le sein, de l'extérieur vers l'intérieur, en insistant bien, mais délicatement, sur l'aréole et le mamelon.

➡ Après le massage, une fois l'huile bien pénétrée, appliquez une serviette trempée dans l'eau glacée et bien essorée sur les seins pendant quelques secondes.

Les huiles nourrissantes

Huile vitalité

5 cl d'huile d'avocat.
5 cl d'huile d'argan.
5 cl d'huile de calophylle.
5 cl d'huile de jojoba.
3 gouttes d'huile essentielle de lavande vraie.
3 gouttes d'huile essentielle de géranium.
3 gouttes d'huile essentielle d'ylang-ylang.

Mélangez bien tous les ingrédients. Raffermit les seins et leur redonne du tonus.

Un exercice « beauté des seins »

Voici un exercice à pratiquer régulièrement pour renforcer les pectoraux :

➡ Étendez les bras en serrant fortement les poings.

➡ Levez les bras en l'air, puis étendez-les devant vous, de nouveau en l'air, puis revenez à l'horizontale.

➡ Faites cet exercice plusieurs fois de suite. Encore plus efficace quand on tient dans les mains de petits haltères d'1 livre ou d'1 kg.

Huile de pâquerette

20 cl d'huile de sésame, noisette ou amande douce.
Fleurs fraîches de pâquerettes.

Remplissez un bocal de fleurs et recouvrez de l'huile choisie. Laissez reposer une douzaine de jours. Filtrez. La meilleure et la plus ancienne façon, dit-on, de garder ou de retrouver un galbe parfait de vos seins et une poitrine ferme. L'huile de pâquerettes a la propriété de tonifier les vaisseaux sanguins et de raffermir les glandes mammaires.

c) L'hydrothérapie pour raffermir le buste

Des jets d'eau froide raffermiront le buste en fortifiant les fibres élastiques et prépareront la peau à recevoir des soins spécifiques locaux.

EN PRATIQUE :
- Douchez les seins à l'eau froide dans le bain en procédant par mouvements circulaires de l'extérieur vers l'intérieur.
- À faire le plus souvent possible dans le bain ou sous la douche.

d) Recettes en vrac

- Un cataplasme raffermissant : des pommes crues râpées à conserver 1 heure sur les seins.
- Prononcez alternativement plusieurs fois de suite les lettres Q, X en accentuant le mouvement des lèvres au maximum.
- Pratiquez régulièrement des exercices de gymnastique qui feront travailler vos pectoraux ainsi que les muscles du cou et des épaules.
- Effectuez-les chaque matin devant une glace en respirant profondément pour vérifier la justesse de la position. Inspirez au repos, expirez sur l'effort.

12. Les soins des jambes

Pour être au mieux de leur forme, elles doivent bouger... Elles sont faites pour ça... et la gymnastique, la pratique d'un ou plusieurs sports (marche, natation, vélo...) leur sont extrêmement profitables afin de conserver une bonne circulation sanguine et lymphatique, de l'améliorer même, de muscler et d'affiner les jambes, d'entretenir votre ligne et votre tonus.

Quant aux problèmes circulatoires importants (varices, œdèmes, jambes lourdes), ils relèvent de traitements thérapeutiques et ne seront pas évoqués dans ce livre, même si les soins conseillés sont à prendre en compte.

La douche écossaise indiquée à la section « Les soins du corps » est à privilégier au maximum sur les membres inférieurs ; elle est en effet excellente pour décongestionner les jambes, relancer la circulation et tonifier l'épiderme.

a) Défatiguer et décongestionner avec les huiles

Les huiles permettent de défatiguer et de décongestionner les jambes. Elles sont à appliquer matin et soir, surtout si vous avez tendance à avoir les jambes lourdes, les pieds enflés et des « impatiences » dans les jambes.

Un exercice simple et efficace : montez et descendez les escaliers plusieurs fois de suite.

En pratique :

➟ Allongé sur le lit, jambes à la verticale, appliquez l'huile par massages ou effleurages légers en mouvements circulaires des pieds à l'aine, en remontant vers le cœur.

➟ Gardez les jambes surélevées quelques minutes après le bain achèvera de décontracter et de soulager les jambes.

Les huiles

Huile tonique

15 cl d'huile de sésame ou d'olive.
5 cl d'huile de calophylle.
5 gouttes d'huile essentielle de menthe poivrée.
20 gouttes d'huile essentielle de cèdre.
20 gouttes d'huile essentielle de cyprès.
20 gouttes d'huile essentielle de citron.
20 gouttes d'huile essentielle de lavande.
10 gouttes d'huile essentielle de ravensara.

Excellente pour améliorer la circulation sanguine, pour soulager les jambes lourdes et gonflées, soulager varices et œdèmes, tonifier et raffermir les tissus. En massage matin et soir.

Huile apaisante

20 cl d'huile de sésame ou d'olive.
20 têtes de camomille.
10 baies de genièvre.
20 g de feuilles de verveine.
20 g de fleurs de lavande.
20 gouttes d'huile essentielle de lavande vraie.

Mettez à macérer les plantes dans l'huile une dizaine de jours. Filtrez et ajoutez les huiles essentielles. Pour détendre et décongestionner les jambes à la fin de la journée.

b) Délasser les jambes par un massage

Les massages permettent de dégorger les veines, d'accélérer la circulation veineuse et de délasser les jambes.

EN PRATIQUE :

➠ Couché sur le dos, levez une jambe à la verticale, l'autre restant allongée.
➠ Avec les mains en collier, entourer la cheville et descendre doucement par petites pressions (une trentaine) avec la paume jusqu'au genou.
➠ Reposez la jambe à plat pour laisser au sang de la jambe le temps d'arriver dans le gros tronc veineux de la cuisse.
➠ Répétez l'opération sur la deuxième jambe.
➠ Reposez-la, relevez la première jambe et agissez de même du genou jusqu'au bout de la cuisse.
➠ Reposez la jambe et finissez la deuxième jambe. Le sang reflue alors vers les grosses veines abdominales.

c) Favoriser le retour veineux grâce à la gymnastique

La sédentarité est l'ennemie de notre circulation et de nos membres inférieurs. L'activité physique régulière favorise le retour veineux en faisant fonctionner à plein rendement la pompe plantaire et celle du mollet ; elle assouplit, tonifie et raffermit les muscles de la jambe. Une jambe musclée au galbe léger aura toujours plus d'allure qu'une jambe au mollet mou, flasque, tombant, et ce quelle que soit votre physiologie.

EN PRATIQUE :

➠ Ne portez pas de bas, collants, sous-vêtements ou chaussures qui vous compriment.

➡ Surélevez les pieds (10 à 15 cm) de votre lit pour dormir.
➡ Pratiquez la douche écossaise sur vos jambes matin et soir.
➡ Descendez et montez les escaliers dès que vous en avez l'occasion.
➡ Marchez souvent sur la pointe des pieds.
➡ Au bord de la mer, de l'eau jusqu'aux genoux, marchez pendant 20 min pour un massage naturel et tonifiant.
➡ Évitez les frictions en cas de varices.

13. Les soins des pieds

Nos pauvres pieds supportent à longueur de journée le poids de tout notre corps. Ils sont, comme se plaisait à le dire fort justement Gayelord Hauser, le «piédestal de notre beauté». Créés à l'origine pour se mouvoir en toute liberté et sans contrainte indifféremment sur la terre, le sable, les cailloux... nous les avons emprisonnés dans des structures trop souvent rigides.

Il en résulte malheureusement de multiples déformations et désagréments, ô combien douloureux.

La peau des pieds, presque continuellement protégée par collants, socquettes et chaussures, donc bien à l'abri des intempéries, est généralement très belle, fine et douce. Elle a donc moins besoin que celle de nos mains de soins constants, mais un massage une fois par semaine au moyen d'une huile ou crème hydratante ne peut que lui être profitable ainsi qu'un brossage quotidien du talon afin d'en éliminer les peaux mortes.

Quant aux ongles, les limer régulièrement et leur prodiguer les mêmes soins qu'à ceux des mains.

Portez des chaussures confortables, avec une hauteur de talon correcte (2-3 cm maximum), larges, bien à votre taille, qui laissent aux pieds leur liberté de mouvement, confectionnées dans un matériau qui laisse les pieds respirer (coton, toile, cuir...) et évitez les chaussettes ou collants en matière synthétique qui occasionnent une transpiration excessive, une mauvaise circulation et des odeurs fortes. Les chaussures trop serrées sont responsables de déformations, de cors, de douleurs et entravent la circulation, avec pour résultat des pieds enflés et fatigués, des jambes lourdes.

a) Soulager les pieds avec des bains

Chauds ou froids, ils soulagent merveilleusement les pieds et les jambes enflées ou lourdes, les détendent et les décongestionnent, surtout le soir après une journée de travail.

EN PRATIQUE :

- Plongez les pieds jusqu'aux chevilles dans une baignoire ou une bassine remplie d'eau chaude et éventuellement de plantes ou autres éléments traitants.
- Aspergez-vous les jambes en pressant un gant ou une éponge imbibée de l'eau du bain.
- Durée 15 min environ.

Les bains de pieds

Bains délassants et décongestionnants

250 g de feuilles fraîches ou 50 g de feuilles sèches pour 1 l d'eau, de lierre grimpant.
250 g d'algues fraîches ou 50 g de sèches.
25 gouttes d'huile essentielle de romarin 1,8 cinéole, de cyprès, de menthe poivrée ou de citron.
Feuilles de vigne rouge, de noyer ou de menthe poivrée.
2 cuill. soupe d'argile + 3 cuill. soupe de gros sel marin.
Hamamélis.

Ils soulageront pieds et jambes enflées ; il vous suffit d'ajouter dans le bain au choix : une infusion de lierre grimpant, des algues fraîches ou sèches, des huiles essentielles, une décoction de feuilles de vigne rouge, de noyer ou de menthe poivrée, de l'argile additionnée de gros sel marin, une infusion d'hamamélis, ou une décoction avec une poignée de lierre, une de noyer et une de menthe. Ces bains confèrent tonus et légèreté à vos jambes, ont un effet apaisant et sont une aide très efficace dans les problèmes circulatoires.

Talc à l'argile

2/3 d'argile blanche surfine.
1/3 d'armoise séchée et pilée finement.

Prévient la transpiration et la fatigue des pieds. Saupoudrez l'intérieur des chaussures. Conservez en pots.

b) Massez vos pieds pour les délasser

Tous les soins des mains peuvent être appliqués aux pieds. Reportez-vous y ainsi qu'aux nombreux conseils généraux.

EN PRATIQUE :

- Debout, pieds nus, faites rouler sous votre voûte plantaire et sous les orteils une petite balle en mousse plusieurs fois de suite.
- Pour compléter ce massage, asseyez-vous, prenez un pied après l'autre dans une main puis, de l'autre, mobilisez chaque orteil en le

faisant bouger à droite, à gauche, en rotation et en tirant dessus. Pincez le talon pour le «réveiller» plusieurs fois, puis terminez par un massage de tout le pied des orteils vers la cheville en insistant sur la voûte plantaire avec le poing fermé.

c) Retrouver sa souplesse grâce à la gymnastique

La gymnastique va permettre d'exercer l'agilité du pied et de retrouver sa souplesse.

EN PRATIQUE :

➠ Marchez pieds nus à chaque fois que l'occasion se présente, sur le sable, la terre, l'herbe, les cailloux ; marchez le matin sur l'herbe mouillée par la rosée est un exercice excellent, non seulement pour les pieds mais pour fortifier tout l'organisme.

➠ Essayez d'attraper avec vos orteils un crayon, une balle, un bout de bois.

14. La cellulite et/ou la surcharge graisseuse

La cellulite, maladie du tissu conjonctif, se localise avec prédilection en haut des cuisses (culotte de cheval), sur la face interne des genoux, autour des chevilles, sur les fesses, sur le cou et en haut des trapèzes (bosse de bison). La première chose à faire pour l'éliminer est de rétablir une circulation veineuse et lymphatique normale (drainage lymphatique, compléments alimentaires) avec l'aide de thérapeutes.

Dans la surcharge graisseuse, en revanche, les cellules graisseuses sont saines, non altérées, mais simplement en nombre et en volume trop important. Cette surcharge tient principalement à une alimentation excessive, mal équilibrée, conjuguée à une trop grande sédentarité. Nous pouvons donc agir par nous-même avec l'aide de l'alimentation, de la gymnastique, des massages avec des huiles amincissantes et raffermissantes (voir «Les soins du corps», p. 160).

Pour raffermir les tissus et éliminer cette cellulite, vous pouvez utiliser une huile végétale composée d'éléments actifs sur l'élimination de la graisse et la tonification de la circulation.

EN PRATIQUE :

➠ Appliquez sur une peau propre l'huile en massages par mouvements circulaires sur tout le corps en insistant sur les parties à traiter.

➠ À faire matin et soir.

À SAVOIR :

➠ Appliquez l'huile après une friction pour plus d'efficacité.

Les huiles et cataplasmes

Huile anticellulite

20 cl d'huile de sésame ou d'olive.
5 cl d'huile de calophylle.
25 gouttes d'huile essentielle de lemon grass.
25 gouttes d'huile essentielle de cyprès.
25 gouttes d'huile essentielle de pamplemousse.
25 gouttes d'huile essentielle de citron.
25 gouttes d'huile essentielle de ravensara.
5 gouttes d'huile essentielle de menthe poivrée.

Mélangez l'huile avec les huiles essentielles. Prévient la cellulite et l'empêche de s'installer.

Huile raffermissante

20 cl d'huile d'olive.
1 poignée de romarin.
1 poignée de marjolaine.
1 poignée de thym.
1 poignée d'origan.
1 poignée de sauge.
1 poignée de baies de genièvre.
5 gouttes d'huile essentielle de cyprès.

Faites tiédir l'huile. Ôtez du feu et incorporez les plantes. Laissez macérer 2 jours. Filtrez et ajoutez l'huile essentielle de cyprès.

Cataplasme amincissant

6 à 8 cuill. soupe de rassoul.
10 gouttes d'huile essentielle de cyprès.
10 gouttes d'huile essentielle de lavande vraie.
10 gouttes d'huile essentielle de citron.
2 cuill. soupe d'algues en poudre.
Décoction de lierre.

Mélangez tous les ingrédients. Ajoutez la décoction jusqu'à consistance d'un masque facilement applicable. Appliquez sur les endroits voulus et laissez agir 20 min.

15. Le soleil et les soins après soleil

Le soleil nous est indispensable, sa chaleur nous réchauffe, sa lumière nous éclaire, ses rayons permettent la synthèse de la vitamine D indispensable à la fixation du calcium. Il stimule nos réactions immunitaires et active la formation des globules rouges. Tout cela à condition de respecter certaines précautions, et surtout de ne pas en abuser. Il est en effet complètement stupide, sous prétexte de vouloir être la plus bronzée au retour de nos vacances sur la Côte, de s'exposer pendant des heures au soleil, jour après jour. En effet, le soleil se montrera alors sous son plus mauvais jour :

- ➠ Déshydratation et dessèchement de l'épiderme.
- ➠ Érythème solaire, brûlure.
- ➠ Attaque en profondeur des fibres collagènes et élastiques.
- ➠ Accélération du vieillissement cutané de la peau.
- ➠ Apparition des rides.
- ➠ Apparition à court terme de troubles bénins : lucite estivale et polymorphe, chloasma (masque de grossesse) ou, plus graves, mélanome malin, cancer cutané.

Il est donc vital d'user du soleil avec prudence et modération car des expositions intensives, répétées des années durant, auront plus tard des répercussions désastreuses et irréversibles sur notre peau :

- ➠ Dégénérescence des fibres élastiques.
- ➠ Altération du collagène.
- ➠ Vieillissement prématuré.
- ➠ Apparition précoce des rides.

La peau devient sèche, perd sa souplesse et son élasticité, les taches brunes (dues à une saturation de soleil cumulée tout au long de la vie) font leur apparition. Ces détériorations cutanées peuvent être brutales et apparaître soudainement ; il est alors trop tard pour y remédier. C'est vers 40-45 ans que l'on commence à entrevoir le résultat de notre plus ou moins bonne tenue vis-à-vis du soleil. Pour qu'il nous soit pleinement bénéfique, préférons, même si ce n'est pas la mode pour l'instant, une peau claire à l'aspect jeune, légèrement hâlée, à un épiderme bronzé, certes, mais ridé, vieilli prématurément. Soyons vigilants et observons les règles élémentaires de prudence.

a) Protéger l'épiderme avec une huile ou une crème solaire

Cette huile, ou crème, devra de plus nourrir l'épiderme, l'assouplir, et prévenir la déshydratation de la peau, donc éviter son dessèchement et empêcher les rayons solaires de la brûler.

Les huiles utilisées pures de jojoba, olive, coco, et plus particulièrement l'huile de sésame et le beurre de karité, confèrent déjà à la peau une bonne protection. En effet, elles absorbent les rayons ultraviolets et favorisent en prime un bronzage régulier. Mais vous ne les utiliserez, de même que les mélanges d'huiles qui suivent, que si vous avez une peau supportant bien le soleil et à condition de ne pas vous exposer inconsidérément.

Dans le cas contraire, et pour les peaux sensibles, il existe en magasins de produits naturels des crèmes solaires protectrices ou des écrans solaires.

EN PRATIQUE :
➠ Étalez l'huile (ou la crème) sur tout le corps, en onctions légères.

À SAVOIR :
➠ Renouvelez l'application très souvent ; en fait, dès que votre peau a absorbé l'huile !

Les huiles protectrices

Huile protectrice au serpolet

15 cl d'huile de sésame ou d'avocat ou de germe de blé. 5 cl d'huile de jojoba. Sommités fleuries de serpolet. Fleurs de lavande. 10 gouttes d'huile essentielle de lavande vraie.	Mettez à macérer les fleurs dans l'huile une dizaine de jours. Filtrez et ajoutez l'huile essentielle.

Huile protectrice au citron

15 cl d'huile de sésame. 3 à 4 cuill. soupe de jus de citron. 3 cuill. soupe de lait.	Versez dans un flacon et fermez. Agitez vigoureusement pour bien mélanger.

b) Phototype et indice de protection

Plus votre peau est claire, moins elle supporte le soleil. Déterminez grâce au tableau succinct ci-dessous votre phototype et choisissez une crème solaire avec un indice de protection correspondant, d'autant plus élevé que votre peau est sensible. La protection la plus importante est exprimée par le terme « écran total ».

L'indice de protection correspond au rapport entre les temps maximum d'exposition au soleil sans attraper de coup de soleil avec crème solaire et sans crème solaire.

➠ *Par exemple :* un indice de protection 8 (IP8) signifie simplement que vous pouvez vous exposer au soleil 8 fois plus avant d'attraper un coup de soleil avec cette crème que sans protection. Si vous mettez 15 min avant d'attraper un coup de soleil sans crème, avec une crème IP8, vous mettrez donc 8 fois plus de temps : 8 x 15 = 120 min, soit 2 heures au terme desquelles vous devrez bien entendu renouveler l'application de crème.

INDICE DE PROTECTION	PEAU	YEUX	PHOTOTYPE
16 ou écran total	Rose ou laiteuse	Bleus	1
10 à 15	Claire taches de rousseur	Clairs	2 et 3
6 à 9	Claire, sans taches de rousseur	Marrons	4
2 à 5	Mate	Marrons/noirs	5 et 6

Un crème protectrice

Crème exotique

80 g de beurre de karité.
20 g d'huile de sésame.
4 gouttes d'huile essentielle d'ylang-ylang.
1 cuill. soupe d'infusion de calendula.

Faites fondre au bain-marie le beurre de karité et mélangez-le délicatement avec l'huile. Ôtez du feu et incorporez l'huile essentielle et l'infusion. Mettez en pots et laissez refroidir avant de fermer.

c) Favoriser le bronzage

Vous pouvez obtenir un bronzage naturel et durable avec une huile qui aura les mêmes qualités que l'« huile exotique ». Vous conserverez votre teint hâlé plus longtemps si vous vous lotionnez matin et soir avec une infusion très concentrée de thé à raison d'une cuillerée à soupe de thé pour une tasse d'eau bouillante.

Les crèmes et huiles bronzantes

Crème bronzante

80 g de beurre de karité. 30 g de beurre de cacao. 4 gouttes d'huile essentielle de lavande vraie. 4 gouttes d'huile essentielle de carotte.	Faites fondre doucement au bain-marie les beurres de cacao et de karité en remuant sans cesse. Puis ôtez du feu et toujours en tournant, incorporez les huiles essentielles. Mettez en pots.

Huile lumineuse

5 cl d'huile de sésame. 10 cl d'huile de carotte. 5 cl d'huile d'avocat. 5 gouttes d'huile essentielle de carotte.	Mélangez ensemble les ingrédients.

d) Apaiser et rafraîchir

Après l'exposition au soleil, appliquer une huile apaisante et hydratante, qui va apporter à l'épiderme « chauffé » par le soleil, fraîcheur, douceur et bien-être.

EN PRATIQUE :

➠ Étalez l'huile (ou la crème) sur tout le corps, en onctions légères.

Les huiles apaisantes

Huiles après soleil

Huile d'olive. Huile d'avocat. Huile de millepertuis. Huile de lys. Beurre de karité. Huile de germe de blé.	Vous utiliserez avec succès l'une ou l'autre des huiles ci-contre, aux propriétés apaisantes et régénérantes.

Vos yeux aussi souffrent du soleil ; s'ils sont rouges, irrités, des compresses imbibées d'infusion ou d'eau florale de guimauve, de bleuet, de camomille ou d'euphraise appliquées sur les paupières calmeront et soulageront picotements et rougeurs.

Vous pouvez aussi avoir recours aux différents éléments ci-dessous pour rafraîchir l'épiderme, calmer les inflammations et les coups de soleil.

➠ Yaourt.
➠ Rondelles de tomates ou de pommes de terre crues.
➠ Cataplasme de pulpe de courge crue.
➠ Carottes crues râpées.
➠ Décoction de fleurs de souci.
➠ Compresses fraîches de vinaigre.
➠ Compresses de camomille bouillies dans du lait.
➠ Compresses d'infusion de camomille, de lavande, de cerfeuil, de romarin, de fleurs de sureau ou d'ortie blanche.
➠ Poudrage à l'argile blanche.
➠ Feuilles fraîches de chou vert.
➠ Extrait huileux de millepertuis ou de calendula.

e) Avant toute exposition au soleil

➠ La première chose à faire est de déterminer votre phototype et d'en tenir compte dans le choix de votre protection solaire.
➠ Pour éviter que la peau ne pèle, préparez une huile en mélangeant 15 cl d'huile d'amande douce avec 20 gouttes d'huile essentielle de carotte.
➠ Pour commencer votre bronzage, lotionnez-vous avec une infusion concentrée de thé (rafraîchissante et tonique).
➠ Ne pas appliquer de parfum avant une exposition au soleil, car il a un effet photosensibilisant (augmente la sensibilité de l'épiderme au soleil) et peut provoquer des réactions allergiques.
➠ Exposez-vous progressivement au soleil, quelques minutes les premiers jours pour arriver à 1 heure au maximum.
➠ Évitez les heures chaudes (12-16 heures).
➠ Préférez le soleil doux du printemps et de l'automne.
➠ Ne restez pas immobile.
➠ Buvez beaucoup pendant l'exposition.
➠ Après chaque bain, séchez-vous et remettez de la crème solaire.
➠ Protégez-vous avec une huile protectrice.

f) Les séances d'UV A

Savez-vous que ces séances, qui vous donnent un joli hâle même sans soleil, ne sont pas anodines. Les UV pénètrent profondément dans le derme et le perturbent ; ils ne font aucun bien à votre peau et même accélèrent le processus de vieillissement. On murmure aussi, dans les milieux autorisés, qu'ils pourraient avoir une incidence sur le cancer de la peau. Si vous y tenez vraiment, surveillez attentivement les dosages et le temps d'exposition, et respectez scrupuleusement les précautions d'emploi. Reportez-vous également aux réserves faites au niveau des principaux photosensibilisants, qui sont valables aussi pour les séances d'UV.

g) Les photosensibilisants

En termes clairs, les photosensibilisants sont des substances qui rendent la peau plus sensible aux rayons solaires. Présents dans bon nombre de produits utilisés non seulement par voie externe mais aussi par voie interne, ils apparaissent généralement anodins. Malheureusement, au niveau du derme, ils absorbent et accumulent principalement les UV A. Les photosensibilisants sont dangereux dans le sens où leur propriété d'accumulation dépasse les doses pouvant être admises par la peau sans risque pour votre santé. Ainsi la bergamote, le cèdre, le santal utilisés dans de nombreux cosmétiques ne sont *a priori* aucunement cancérigènes mais, si on s'expose exagérément au soleil en été, ils peuvent devenir facteurs déclenchants d'une éventuelle cancérisation cutanée.

Les principaux photosensibilisants sont indiqués ci-dessous.

Par voie interne

De nombreux médicaments (sulfamides, certains antibiotiques) ont une action photosensibilisante ainsi d'ailleurs que les cyclamates si souvent utilisés de nos jours dans l'industrie alimentaire. Se méfier également des contraceptifs, qui renferme des œstroprogestatifs et des psoralènes. Signalons enfin les médicaments qui, sans avoir d'action photosensibilisante, peuvent occasionner des réactions cutanées : certains hypertenseurs, anti-infectieux, anti-inflammatoires.

Par voie externe

Ne prenez pas votre peau pour un terrain d'essai. Organe vivant, elle ne reste pas passive face aux produits dont vous la recouvrez. Et dans certains cas, il y a réel danger. En premier lieu, méfiez-vous des protections solaires contenant de l'acide para-amino-benzoïque et des essences, notamment de bergamote, cèdre, citron et lavande, surtout si elles sont synthétiques.
Si vous devez vous exposer au soleil, évitez tout cosmétique renfermant ces substances ainsi que de la fluorexaine et ses dérivés. Certains antimicrobiens, antifongiques et antimitotiques peuvent là encore se révéler dangereux. Donc être vigilant et utiliser des produits à la fois protecteurs et sans danger.

16. Soins de beauté au masculin

Mais non, messieurs, vous n'êtes pas oubliés ! Contrairement aux apparences et malgré le nombre de pages réduit de cette section, sachez que la majorité des conseils prodigués dans cet ouvrage sont mixtes et vous sont donc également adressés.

a) Les soins du visage

Ils doivent être appliqués au quotidien : nettoyage de la peau au moyen d'un lait de toilette, puis procédez au rasage, puis à l'application d'une lotion et enfin d'une crème de jour.

Une mention particulière cependant pour le rasage : rasoir à main ou rasoir électrique, à vous de choisir ce qui vous convient le mieux, mais attention à la lotion après-rasage que vous allez utiliser, surtout si vous avez la peau sensible :

➠ Évitez les lotions ou after-shaves alcoolisés (ou alors avec un très faible degré d'alcool) ; ils irritent la peau et la dessèchent.

➠ Préférez des lotions après-rasage, adoucissantes, apaisantes et antiseptiques.

Pour les petites coupures dues au rasoir.

➠ *Si saignement :* une goutte d'huile essentielle de ciste en massage directement sur la plaie.

➠ *Si plus superficielle :* une goutte d'huile essentielle de lavandin ou de tea-tree.

Pour calmer le feu du rasoir vous avez le choix : pierre d'alun, poudre de soie, eau d'hamamélis, huile de rose musquée ou de millepertuis.

b) Les soins du corps

Reportez-vous aux conseils d'hygiène et de propreté ; ils sont identiques pour hommes et femmes, en particulier les bains, douches, hammams, saunas et frictions.

Quant aux soins de beauté (crèmes, huiles et masques corporels), vous pouvez tout à fait les adopter, excepté évidemment ceux qui sont spécifiques à certains problèmes typiquement féminins (seins, épilation – quoique certains sportifs y aient également recours –, etc.).

Pour la transpiration excessive, outre une hygiène rigoureuse, ces quelques lotions pourront vous aider à la réguler ; la stopper complètement est une erreur car transpirer est nécessaire et bénéfique à l'organisme et aide à l'évacuation des toxines. Ce problème n'est pas réservé uniquement aux hommes ; certaines femmes y sont également sujettes et pourront avoir recours aux recettes ci-dessous, aussi ne vous formalisez pas, messieurs, si ce paragraphe figure dans le chapitre qui vous est réservé.

➠ *Transpiration des pieds :* reportez-vous à la page 190.

➠ *Transpiration générale, aisselles :* quelques gouttes d'huile essentielle de lavande vraie ou de cyprès ; se lotionner avec une infusion de lavande, talquage à la poudre de soie ou à l'argile verte surfine, et déodorant bille ou en vaporisateur à base de produits naturels.

c) Les soins des cheveux

Tous les conseils donnés dans la section consacrée aux cheveux sont à appliquer régulièrement, de même que les différents soins développés, et ce d'autant plus que l'homme est sujet (plus que la femme) aux problèmes d'alopécie et calvitie précoce.

Aussi devra-t-il doublement prendre soin de ses cheveux et choisir ses cosmétiques capillaires avec précaution, les plus naturels possible, car une fois la calvitie installée, plus question de revenir en arrière... il reste la solution des implants ou de la perruque. La prévention est donc de rigueur avec le respect de certaines règles :

- Une alimentation saine riche en minéraux et vitamines.
- Prise régulière de compléments alimentaires : prêle, pollen, chlorella, spiruline, levure de bière... chlorure de magnésium.
- Une circulation sanguine active au niveau du cuir chevelu afin de favoriser sa nutrition, au moyen de massage, brossage.
- Des shampooings doux, des lotions toniques et stimulantes, des huiles nourrissantes... en particulier la lotion contre la chute des cheveux et le masque antichute.

Les lotions

Tonifiantes et fortifiantes, ces préparations stimuleront la pousse du cheveu et le fortifieront. Si vous manquez de temps pour les préparer, procédez à des frictions matin et soir avec simplement quelques gouttes d'huile essentielle d'ylang-ylang.

Lotion « repousse des cheveux »

100 g d'orties (feuilles).
50 g de capucines (feuilles).
50 g de cresson (feuilles).
50 cl de vinaigre de vin ou de cidre de préférence.

Hachez finement les feuilles fraîches et les placer dans un bocal en verre. Recouvrez de vinaigre et laissez macérer 8 jours. Filtrez et utilisez en friction (dilué ou non) matin et soir.

Lotion n° 2

1 poignée de bardane.
1 poignée d'ortie.
1 poignée de buis.
10 cl d'huile de ricin, d'argan ou de jojoba.
30 cl d'huile d'olive.
10 gouttes d'huile essentielle d'ylang-ylang.

Mettez les plantes à macérer dans les huiles végétales une quinzaine de jours. Filtrez, puis ajoutez l'huile essentielle. Utilisez en friction matin et soir.

Lotion magnésienne

1 sachet de 20 g de chlorure de magnésium.
1 l d'eau de source ou encore mieux, 1 l d'infusion de thym ou de lavande.

Diluez le chlorure de magnésium dans l'eau ou l'infusion et utilisez en friction comme précédemment.

Une mention spéciale pour le chlorure de magnésium !

Le professeur Delbet, qui l'a préconisé avec succès dans grand nombre de maladies graves, l'utilisait lui-même aussi bien en usage interne qu'externe. Il lui attribuait sa grande vitalité et sa chevelure (ainsi que sa barbe) qu'il a gardée abondante jusqu'à 95 ans.

Le magnésium, en effet, stimule les processus cellulaires et retarderait la destruction du pigment responsable de la couleur de nos cheveux. Il donne également à l'organisme tout entier vitalité et tonus et stimule les immunités naturelles. Ayez toujours à portée de main (et de bouche) une bouteille remplie d'une solution de chlorure de magnésium (1 l d'eau de source + 1 sachet de 20 g de chlorure de magnésium). Buvez-en un verre à liqueur par jour (2 à 3 fois si vous êtes fatigué). C'est un gage de bonne santé !

Pour les pellicules, souvent aussi l'apanage des hommes, les shampooings, huiles, masques et lotions proposés au cours de ce livre sont très efficaces, à condition d'être appliqués régulièrement. Quant aux soins à prendre face au soleil, ils vous concernent également.

Nous terminerons en vous incitant, messieurs, à entrer dans un institut d'esthétique naturelle ; ils ne sont pas uniquement réservés aux dames ! Un bilan de votre peau pourra y être établi et vous serez conseillé. Divers soins spécifiques (aussi agréables que bénéfiques pour votre peau) à base de produits de qualité pourront vous être prodigués. Alors n'hésitez plus !

CHAPITRE VIII

Les tests cosmétiques

BEAUTÉ ne doit pas être synonyme d'illégalité et de barbarie ! Savez-vous que chaque année, des millions d'animaux sont sacrifiés au titre des expérimentations, dont un tiers pour la recherche cosmétique, c'est-à-dire pour évaluer la non-toxicité des crèmes, shampooings, rouges à lèvres que nous allons utiliser au quotidien.

On inflige à ces animaux d'atroces souffrances au terme desquelles, aveugles, mutilés, brûlés, on les laissera pour morts au fond d'une cage ; les plus chanceux, eux, seront achevés ! Comment, en ce début du XXIe siècle, ère de progrès, pouvons-nous encore tolérer (et quand nous disons nous, nous englobons tous ces éminents scientifiques) des méthodes d'une telle cruauté ? Comment pouvons-nous espérer progresser pour un monde meilleur en se livrant à (ou en laissant faire) de telles barbaries ? Pythagore ne disait-il pas, déjà en 550 av. J.-C. : « Tant que l'homme continuera à être le destructeur impitoyable des êtres animés des plans inférieurs, il ne connaîtra ni la santé ni la paix. Tant que les hommes massacreront les bêtes, ils s'entre-tueront. Celui qui sème le meurtre et la douleur ne peut, en effet, récolter la joie et l'amour ! »

1. Tests et textes de lois

Tests d'autant plus inhumains qu'ils ne sont pas obligatoires. En effet, la loi française n'autorise la mise sur le marché de nouveaux cosmétiques qu'une fois la démonstration faite de leur non-toxicité, et ce quels que soient les contrôles effectués.

Tout produit cosmétique ou tout produit d'hygiène corporelle doit, avant sa mise sur le marché à titre onéreux ou à titre gratuit (échantillon), faire l'objet d'un dossier rassemblant toutes les informations utiles sur sa nature, sa formule intégrale, ses conditions de fabrication et de contrôle, son usage, son mode d'emploi, ainsi que sur les essais, notamment de toxicité transcutanée, les essais de tolérance cutanée ou muqueuse dans des conditions fixées par décret[1]. Un exemplaire de ce dossier doit être tenu en permanence à la disposition des autorités compétentes. Il n'existe donc aucune obligation législative de tester les produits cosmétiques sur les animaux – sachant fort bien que, dans tous les cas, la sécurité du consommateur ne sera jamais garantie à 100 %, les réactions individuelles de chacun étant différentes et dépendant uniquement de nos capacités particulières de tolérance.

Les essais de tolérance cutanée « ont pour objet de mettre en évidence et de mesurer d'éventuelles manifestations d'irritation chez les animaux d'expériences, à la suite de l'application sur la peau du produit ; dans certains cas des essais pourront être effectués *in vitro*[2]. » Quant aux méthodes de tests, le même *Journal officiel* nous dit que les laboratoires ont toute liberté pour sélectionner ceux d'entre eux qui les intéressent, à la seule condition que leur protocole, s'il n'est pas connu, soit décrit en détail.

Le choix des méthodes de test est donc laissé à l'entière liberté des laboratoires, et les expérimentations animales ne sont pas, comme on veut nous le faire croire, indispensables. Et si un décret interministériel[3] stipule que « toute expérimentation animale remplaçable par un procédé équivalent tombe sous le coup de la loi » et que de nombreux industriels commencent à faire appel à des tests substitutifs, ce n'est pas suffisant. Il faudrait que soit enfin votée une loi excluant totalement l'expérimentation animale.

1. Art. L658-3 du code de la santé publique.
2. D'après le *Journal officiel.*
3. 87-848 du 19 octobre 1987.

« Le respect des animaux pour l'homme est inséparable du respect des hommes entre eux [4]. »

Donc, pour les produits finis dont nous venons de parler, pas d'obligation ; il n'en va pas de même pour les matières premières. Tant qu'elles font partie des quelque 8 000 substances répertoriées à ce jour entrant dans la composition des cosmétiques et que les produits finis consistent en une nouvelle combinaison de ces quelques substances, pas d'obligation d'essai sur les animaux. Leur innocuité est admise en raison de l'expérience acquise à ce jour. En revanche, lors de l'emploi d'une ou plusieurs matières premières nouvelles non enregistrées – substances chimiques qui viennent s'ajouter aux 8 000 déjà existantes –, les tests sont obligatoires.

Ne pouvons-nous pas nous satisfaire de ces 8 000 éléments, chiffre déjà phénoménal, qui regroupent tous les constituants de base des cosmétiques, si l'on imagine de surcroît les millions de combinaisons possibles ? Ou alors exiger des laboratoires qu'ils utilisent des méthodes de substitution pour leurs tests ? De plus, les nouveaux éléments sont bien entendu uniquement des produits dérivés de la chimie, et les risques d'allergie et de toxicité au niveau de notre peau ne sont pas toujours anodins.

Pourquoi alors, malgré l'évidente liberté de la loi, les possibilités de méthodes alternatives efficaces, fiables et peu onéreuses au regard de la souffrance occasionnée à des millions d'animaux, continuer ces expérimentations ?

Sous la pression de nombreuses associations militant pour l'abolition de la vivisection et des tests sur les animaux, dont les membres sont des scientifiques, biologistes, humanistes, et de nombreuses personnes concernées, comme vous et moi, les choses ont bougé quelque peu pour aboutir à l'élaboration d'une directive européenne votée à Bruxelles par la Commission européenne en juin 1992. Malheureusement, il semblerait que dix ans plus tard, nous soyons toujours dans une impasse et que le vote définitif de cette loi soit sans cesse reporté. Pire encore, puisque l'Union européenne envisagerait de renforcer les

4. Citation extraite de la Déclaration universelle des droits de l'animal édictée en 1978 sous l'égide de l'Unesco.

tests sur les animaux en lançant un vaste programme de tests de substances chimiques pour, dit-on, apaiser les craintes de la population face à l'utilisation très importante de nouveaux produits chimiques dans l'alimentation, la cosmétologie, les médicaments, et leur toxicité sur l'homme et son environnement.

Alors qu'aux États-Unis, des décisions viennent d'être prises pour le développement de l'utilisation des méthodes substitutives en remplacement des tests sur animaux, nous ne pouvons que constater une régression pour l'Europe. De nombreuses associations se mobilisent activement contre ce projet, et il est important pour nous de soutenir leur action. En Grande-Bretagne, le gouvernement, avec à sa tête Tony Blair, a interdit le 16 novembre 1999 les expérimentations sur les animaux vivants pour les cosmétiques, aussi bien pour les produits finis que pour les matières premières. C'est une première victoire, un grand pas en avant, et nous ne pouvons qu'espérer que cette décision sera rapidement étendue à la recherche médicale, et surtout à tous les pays de l'Union européenne.

Parallèlement, en tant que consommateurs, nous avons une grande possibilité de pression sur les laboratoires afin qu'ils utilisent uniquement des ingrédients non testés sur les animaux. Il nous suffit de boycotter les autres et d'acheter uniquement ceux qui sont testés par des méthodes substitutives. L'article 5263-5 du *Journal officiel*[5] dit : « Dans l'étiquetage, la présentation à la vente et la publicité concernant les produits cosmétiques, toute référence à l'expérimentation sur les animaux doit indiquer clairement si cette référence concerne les ingrédients ou le produit fini ou les deux. »

Produit fini ou matières premières ?

Certains laboratoires ont bien compris l'impact publicitaire de la mention « non testé sur les animaux » sur le consommateur et s'en servent d'argument publicitaire sans véritable conviction. Ce ne serait pas grave, au contraire, si les produits étaient réellement non testés, mais ce n'est pas toujours le cas. Tout est basé sur une vaste hypocrisie et il y a deux possibilités : le produit fini n'est pas testé sur les animaux mais les ingré-

5. Du 27 juin 2000.

dients qui le constituent, achetés à d'autres laboratoires, le sont déjà; le produit fini n'est pas testé sur les animaux dans le laboratoire qui le commercialise mais il l'est ailleurs, dans un autre laboratoire.

Lisez bien les étiquettes! Un cosmétique totalement non testé spécifiera clairement que ni le produit fini ni les ingrédients n'ont été testés sur les animaux, et ce conformément à l'article 5263-5.

a) Des tests inhumains, sans valeur réelle

Voici quelques-uns des tests effectués sur les animaux, qui vous feront voir d'un autre œil votre crème de jour, votre rouge à lèvres ou votre dentifrice :

➠ *Le test de Draize (test d'irritation des yeux) :* il est destiné à tester la capacité d'une substance susceptible d'être en contact avec l'œil humain (mousse à raser, shampooing, crème), à provoquer allergies, irritations ou autres réactions inflammatoires; il consiste à appliquer sur les yeux de l'animal, maintenu à une sorte de pilori, le produit en question plusieurs fois par jour et ce pendant un, deux ou trois mois de suite.

➠ *Le test d'hypersensibilité :* il consiste à appliquer quotidiennement, sur la peau rasée de l'animal deux ou trois mois d'affilée, une substance donnée et de mesurer diverses allergies et réactions immunitaires qui en résultent. Les produits testés peuvent être badigeonnés sur la peau rasée de l'animal qui sera incisée tous les trois centimètres.

➠ *Le test de photosensibilité :* il détermine le risque d'allergie d'un produit appliqué sur une partie du corps exposée au soleil. Il consiste à exposer des souris, dont la peau est rasée et enduite de filtre solaire, enveloppées dans du papier aluminium, aux rayonnements de lampe UV pendant des journées entières.

Ces tests, véritablement inhumains (il y en a bien d'autres dont nous vous faisons grâce) et sans aucun intérêt, sont appliqués sur des animaux sans défense, immobilisés de force, conscients (non anesthésiés) et dont les souffrances répétées ne se terminent que par leur mort. Les plaies sont examinées chaque jour par les expérimentateurs. Les lapins, souris, chats et cobayes sont les victimes les plus touchées. Or, les observations résultant de ces tests sont sans valeur (c'est confirmé par de nombreux scientifiques dignes de ce nom), et ce pour une raison bien simple :

➠ Les physiologies animales et humaines montrent des réactions complètement différentes à une substance donnée et étendre systématiquement à l'homme les résultats obtenus sur l'animal est une attitude dangereuse. Nous en voulons pour preuve que certains médicaments, testés pourtant longuement sur les animaux, ont eu des conséquences désastreuses sur l'homme. La thalidomide a fait plus de 10 000 victimes (nouveau-nés phocoméliques), le Stillbœstrol (pris par de nombreuses femmes voulant éviter une fausse couche) a traversé la barrière placentaire et endommagé le fœtus, provoquant sur ceux du type féminin, arrivés à l'âge adulte, des cancers du vagin.

Les exemples ne manquent pas et la liste des médicaments responsables de malformations, allergies, morts, malgré les expérimentations animales est longue et malheureusement loin d'être close. Plus simplement, savez-vous que le lapin peut consommer de l'amanite phalloïde sans en être incommodé le moins du monde, que la chèvre ainsi que les moutons supportent sans problème des doses énormes d'arsenic, que le cheval peut être incommodé par un simple potiron, que le persil est un poison pour les perroquets, que le datura (un poison pour l'homme) est une nourriture pour l'escargot, que l'insuline est responsable de naissances phocoméliques chez les rats, etc.

b) Des tests de substitution fiables

Nombre de ces tests sont d'ores et déjà à la disposition des fabricants, d'autres sont en cours de recherche; des chercheurs, qui se refusent à utiliser les pratiques vivisectionnistes en raison et de leur cruauté et de leur manque de fiabilité, en développent de nouveaux (généralement culture de cellules humaines, travail sur peau reconstituée...). Malheureusement, ils n'ont pas toujours les moyens suffisants (techniques et financiers) pour mener à bien ces recherches et valider leurs méthodes, alors que les vivisecteurs, eux, bénéficient sans problème de capitaux importants.

Faisons un petit tour d'horizon de ces tests :

➠ *L'Eytex (test de tolérance de l'œil) :* culture de protéines végétales.

➠ *Le Neutral Red Release (absorption du rouge neutre) :* il permet de distinguer les cellules vivantes des cellules mortes.

➠ *Le H et Cam Test (test d'irritation de l'œil) :* utilisé pour remplacer le test de Draize, il mesure l'inflammation éventuelle en utilisant des membranes d'œufs fécondés.
➠ *Le Skintex (test d'irritation de la peau) :* il permet de mesurer le degré d'irritation de la peau sur un réseau de fibres collagène et d'élastine.
➠ *La méthode « Kligman et Frosch » :* reconnu partout dans le monde, ce test est effectué sur la peau de volontaires.
➠ *Le Solatex :* il mesure l'irritation éventuelle aux rayonnements solaires et les facteurs de protection solaire.
➠ *Le Corositex :* il apprécie le degré d'altération ou de destruction des tissus vivants au contact de certains produits corrosifs.

Les résultats obtenus avec ces tests sont plus fiables et plus exacts que ceux faits sur l'animal. Ils sont désormais commercialisés partout en Europe et déjà utilisés par de nombreux laboratoires. Inutile de préciser qu'il faut encourager ceux qui font des efforts en ce sens. Une alternative encore plus simple à l'expérimentation animale est tout simplement le recours à des substances non toxiques reconnues depuis fort longtemps, qui ont fait la preuve de leur innocuité et de leur efficacité : l'argile, les huiles végétales, le beurre de cacao ou de karité, incorporés régulièrement dans des produits naturels ; eux n'ont nul besoin de tests, quels qu'ils soient. C'est le cas de quelques laboratoires soucieux de qualité, qui commercialisent des cosmétiques uniquement élaborés à partir d'ingrédients naturels et les testent sur eux-mêmes, les amis, le personnel. Rappelons que Victor Hugo devint le président de la première ligue antivivisectionniste en 1883.

En conclusion, nous ne pouvons que vous inciter à choisir vos produits de beauté avec discernement. La liste des produits non testés sur animaux peut vous être envoyée sur simple demande ainsi que des renseignements complémentaires (voir adresses en fin d'ouvrage).

2. Des lois pour la beauté

La beauté, elle non plus, n'échappe pas à la loi [6] et doit répondre à certains critères à des niveaux divers : emballage, fabrication, com-

6. Les cosmétiques et produits d'hygiène sont soumis à la loi du 10 juillet 1975 qui définit les conditions de fabrication, de conditionnement et de mise sur le marché.

position, emploi des ingrédients, date limite, tests, protocole... Mais ils ne sont pas assez rigoureux à mon avis, en particulier en ce qui concerne la qualité des matières premières, l'autorisation de mise sur le marché, les tests et l'emploi de certaines substances vénéneuses.

Article 658-1

Sont compris comme produits cosmétiques et produits d'hygiène corporelle toutes les substances ou préparations, autres que les médicaments, destinées, à être mises en contact avec les diverses parties superficielles du corps humain ou avec les dents et les muqueuses, en vue de les nettoyer, de les protéger, de les maintenir en bon état, d'en modifier l'aspect, de les parfumer ou d'en corriger l'odeur.

Au regard de la loi, un cosmétique se doit donc d'agir uniquement sur l'épiderme et ne doit avoir aucune propriété thérapeutique. Les arguments développés sur les notices d'utilisation au dos des emballages et sur les publicités où les fabricants renchérissent de plus belle sur les capacités de leurs produits, « agit en profondeur », « active le renouvellement cellulaire », « action antirides », sont à considérer comme fallacieux et vraiment très proches de la publicité mensongère puisqu'un cosmétique ayant effectivement des propriétés supérieures serait considéré légalement comme un médicament. Or, nous l'avons vu, l'action de la majorité des produits se limite aux couches superficielles de la peau, contrairement à la publicité qui fait état d'action en profondeur de produits miracles (fonte des rondeurs, effacement des rides...).

Les conditions d'étiquetage et d'emballage, la publicité, le conditionnement sont définis par le décret du 28 avril 1977 modifié par le décret du 23 juin 2000. En voici quelques articles simplifiés :

Article R 5263-4

Le récipient et l'emballage de chaque unité de produits cosmétiques ou d'hygiène corporelle doivent comporter les indications suivantes inscrites de manière à être facilement lisibles, clairement compréhensibles et indélébiles :

- La dénomination du produit.

➟ Le nom ou la raison sociale du fabricant ou du responsable de la mise sur le marché et, pour les produits manufacturés en dehors de la CEE, l'adresse et l'indication du pays d'origine.
➟ Le contenu minimal indiqué en masse ou en volume.
➟ La date de durabilité minimale ; pour les produits dont la durabilité excède 30 mois, cette indication n'est pas obligatoire.
➟ La fonction du produit.
➟ Le numéro de lot de fabrication ou la référence.
Les précautions particulières d'emploi et les avertissements précisés par un arrêté ministériel doivent figurer sur l'emballage extérieur ou sur une notice jointe.

Depuis peu, nous y trouvons une indication d'importance, la composition du produit en question :
➟ La liste des ingrédients dans l'ordre décroissant de leur importance pondérale ; cette liste peut figurer uniquement sur l'emballage.
➟ Les ingrédients en concentration inférieure à 1 % peuvent être mentionnés dans le désordre après ceux dont la concentration est supérieure à 1 %.
➟ Les colorants peuvent être mentionnés dans le désordre après les autres ingrédients.

Article R 5263-6

Ne sont pas considérés comme ingrédients :
➟ Les impuretés contenues dans les matières premières.
➟ Les substances techniques subsidiaires utilisées lors de la fabrication.
➟ Les substances lorsqu'elles sont utilisées dans des quantités indispensables en tant que solvants ou vecteurs de parfums et de compositions parfumantes.

Article R 5263-7

Le fabricant, ou son représentant, peut être autorisé, pour des raisons de confidentialité commerciale, par dérogation aux dispositions de l'article R 5263-4, à ne pas inscrire un ou plusieurs ingrédients sur le récipient et l'emballage d'un produit cosmétique.

Article paru au Journal officiel *du 23 février 2001 et du 6 avril 2001*

Il interdit la fabrication, l'importation, l'exportation, la distribution et l'utilisation de produits cosmétiques contenant :

➠ Des extraits d'origine bovine : rate, thymus, intestins, graisse mésentérique, quel que soit leur âge ; crâne, cervelle, yeux, amygdales et moelle épinière des bovins quel que soit leur âge ; tous les extraits de tissus de bovins, quel que soit l'âge, provenant de cadavres ou d'animaux nés, élevés, abattus au Royaume-Uni.

➠ Des extraits d'origine ovine et caprine provenant d'animaux ayant pu être exposés à un risque de contamination par un agent de l'encéphalopathie spongiforme transmissible : le crâne y compris, l'encéphale et les yeux d'animaux quel que soit leur âge, nés ou élevés au Royaume-Uni ; la rate et les ingrédients qui en dérivent ; la tête entière, la moelle épinière et les viscères thoraciques et abdominaux abattus dans le cadre des dispositions de l'arrêté du 28 mars 1997 fixant les mesures de police sanitaire relatives à la tremblante ovine.

À la lecture de ce texte, deux réflexions se dégagent d'emblée :

➠ Apparemment, les autres extraits de ces mêmes animaux sont utilisables… sauf s'ils proviennent du Royaume-Uni ; et donc les rates, thymus, intestins ovins et caprins, et viscères thoraciques des bovins.

➠ Quant au suif qui est obtenu à partir des graisses mésentériques, entre autres, qui sont interdites, on nous dit : « Les dérivés du suif peuvent cependant être utilisés sous réserve de l'application de certaines méthodes strictement certifiées par le producteur… »

On constate que, à chaque fois qu'il y a une interdiction, on trouve aussitôt un texte qui donne une dérogation ! La logique ne serait-elle pas d'interdire purement et simplement tous les extraits de tissus animaux pour une sécurité optimale ? Ce ne serait certainement pas une grande perte pour notre épiderme et notre beauté et on éviterait une fois de plus de jongler avec des produits que nous ne maîtrisons pas.

Quant aux substances figurant dans les cosmétiques, elles font l'objet de plusieurs listes parues au *Journal officiel,* énumérant les produits autorisés (colorants, conservateurs), ceux qui ne le sont pas et ceux qui le sont sous certaines conditions. Il y a quelques années, les substances vénéneuses faisaient l'objet d'une liste à part, elles sont maintenant incorporées à des produits autorisés sous certaines conditions… ce qui psychologiquement parlant a un impact plus rassurant sur le public et induit une moindre toxicité.

Bien entendu, nous ne pouvons pas énumérer toutes ces substances mais, pour indication, en voici quelques-unes, assorties de leurs précautions d'emploi obligatoirement mentionnées sur l'étiquette :

➡ *Acétate de plomb (teintures capillaires) :* autorisé jusqu'à 0,6 % « tenir à l'écart des enfants », « éviter tout contact avec les yeux », « laver les mains après usage, contient de l'acétate de plomb », « arrêter l'usage en cas d'irritation de la peau ».

➡ *Acide borique (talc, hygiène buccale) :* « ne pas utiliser chez les enfants de moins de 3 ans », « ne pas utiliser sur des peaux excoriées ou irritées ».

➡ *Acide thioglycolique et ses sels (produits capillaires, dépilatoires) :* « à conserver hors de portée des enfants », « éviter le contact avec les yeux », « en cas de contact avec les yeux, laver immédiatement et abondamment avec de l'eau et consulter un spécialiste », « porter des gants appropriés ».

➡ *Ammoniaque :* « autorisé jusqu'à une concentration maximale de 6 % » ; mention obligatoire « contient de l'ammoniaque » au-dessus de 2 %.

➡ *Chlorure de strontium (dentifrices, shampooings, produits de soins du visage) :* « contient du strontium », « usage déconseillé aux enfants ».

➡ *Diaminophénol (produits capillaires) :* autorisé jusqu'à 10 % « peut provoquer une réaction allergique », *idem Acide thioglycolique.*

➡ *Disulfure de sélénium (shampooings) :* « contient du disulfure de sélénium », « éviter le contact avec les yeux et la peau endommagée ».

➡ *Formaldéhyde (formol) (vernis pour durcir les ongles) :* « protéger les cuticules par un corps gras », « contient du formol ».

➡ *Nitrate d'argent (coloration cils et sourcils, teintures et lotions capillaires) :* autorisé jusqu'à 4 % « contient du nitrate d'argent », « rincer immédiatement les yeux si le produit entre en contact avec ceux-ci ».

➡ *Phénol :* « contient du phénol ».

➡ *Potasse ou soude caustique (solvant pour les ongles, défrisage des cheveux, dépilatoires…) :* autorisé jusqu'à 5 % « éviter tout contact avec les yeux », « danger de cécité », « à tenir hors de portée des enfants ».

➠ *Résorcine :* « contient de la résorcine », « rincer immédiatement les yeux si le produit entre en contact avec ceux-ci ».
➠ *Zinc sulfophénate (sulfate de zinc) (déodorants, lotions) :* autorisé jusqu'à 6 % « éviter tout contact avec les yeux ».

Ces quelques exemples parmi tant d'autres donnent à réfléchir, car même si les doses utilisées sont réglementées, les substances restent malgré tout toxiques et susceptibles de provoquer certaines lésions ou allergies (connues, comme le stipulent les précautions à prendre). Ne serait-il pas, là encore, plus raisonnable (pour notre santé) de les interdire purement et simplement ?

Quant aux colorants (plus de 150) et conservateurs autorisés (une cinquantaine), leur liste est impressionnante et s'assortit également de restrictions d'emploi. Certains font frémir... sont-ils vraiment nécessaires ?

Et pour finir, la présence de substances radioactives naturelles et de substances radioactives provenant de contaminations artificielles ambiantes est admise pour autant que les substances radioactives ne soient pas enrichies pour la fabrication de produits cosmétiques et que leur concentration respecte les normes de base fixées dans le décret 66-450 du 20 juin 1966[7]. Sans commentaire...

Quelques adresses utiles

➠ Ligue antivivisectionniste de France, Défense des animaux martyrs, 9, rue Paul-Féval, 75018 Paris.
➠ Ligue française contre la vivisection, Liman, 84550 Mornas.
➠ Pro Anima (Comité scientifique pour la promotion et l'information des méthodes substitutives à l'animal dans la recherche), 92, rue Perronet, 92220 Neuilly-sur-Seine.
➠ One Voice (anciennement Talis), 8, rue des Morillons, 75015 Paris.

7. Extrait du *Journal officiel* du 23 février 2001.

Conclusion

Nous arrivons au terme de notre voyage au pays de la beauté. Voyage pas toujours rose, accompagné parfois de quelques grincements de dents, puisque, telle Alice au pays des merveilles, nous vous avons fait passer de l'autre côté du miroir et, là, les choses ne sont pas forcément identiques à celles qui apparaissent dans le monde réel. Peut-être êtes-vous déçu(e)?

Acheter un produit de beauté, geste simple jusqu'alors, ne sera plus un acte anodin puisque vous en connaîtrez maintenant toutes les implications. Mais au-delà de cette première réaction, vous vous sentirez plus forte, plus consciente, pleinement responsable de vos choix, et enrichie de maintes satisfactions.

Satisfactions de :

➠ Contribuer au respect de l'environnement, de minimiser la pollution planétaire (en privilégiant les produits naturels aux dépens des produits chimiques) et d'éviter un gaspillage toujours préjudiciable.

➠ Dépenser moins et mieux.

➠ Choisir la meilleure qualité pour votre famille.

➠ Ne plus être responsable de souffrances inutiles imposées aux animaux de laboratoires.

➠ Prendre en mains votre beauté, l'assumer sans être uniquement guidée par la publicité (boycott de certains produits, lecture des étiquettes).

➠ Pouvoir faire profiter vos amies de votre expérience.

➠ Créer vous-même vos propres cosmétiques spécialement conçus et adaptés à votre peau – donc plus efficaces – à vos goûts propres, en un mot, uniques… Vous êtes unique tout autant que votre beauté.

Vous savez maintenant que la beauté (la seule, celle qui vient de l'intérieur, celle qui est capable de magnifier votre physique) ne dépend pas seulement d'une crème antirides ou d'une huile dynamisante. Elle est la récompense d'une longue persévérance dans l'application des lois naturelles (hygiène, alimentation, exercice physique, relaxation), et ce à tous les niveaux (physique, mental et spirituel).

Nous laisserons, pour terminer cet ouvrage, cette phrase, ô combien significative, de Voltaire (1694-1778) à votre méditation :

Le corps est le temple de l'esprit, qu'il doit être triste pour un dieu d'habiter des ruines !

N'hésitez pas à m'écrire, par l'intermédiaire de mon éditeur qui fera suivre, pour me faire part de vos remarques, de vos idées, mais aussi pour me communiquer des informations sur ce sujet « brûlant » de la beauté. Bien entendu, vos questions seront les bienvenues et je m'efforcerai d'y répondre le mieux possible.

Lexique

ADN : Acide désoxyribonucléique présent dans le noyau cellulaire.
Antioxydant : qui s'oppose à l'oxydation.
Atone : sans tonicité.
Astringent : qui resserre les tissus.
Cellule : unité fondamentale constitutive de toute matière vivante.
Collagène : matériau essentiel du tissu conjonctif.
Décoction : préparation obtenue en faisant bouillir des plantes dans un liquide.
Dégénérescence : altération fonctionnelle d'un tissu.
Déshydratation : diminution du volume d'eau dans un tissu.
Desquamation : élimination des cellules mortes de la couche cornée.
Élastine : élément constitutif des fibres élastiques.
Endogène : produit par l'organisme.
Enzyme : catalyseur permettant toutes réactions biochimiques possibles.
Excipient : substance servant de support à un produit médicamenteux ou cosmétique.
Exogène : apporté de l'extérieur.
Facteur F, ou vitamine F : ensemble des acides gras insaturés.
Fibroblaste : cellule produisant les fibres collagènes.
Glucides : sucres.
Hybride : obtenu par croisement de deux espèces.
Hydrosoluble : soluble dans l'eau.
Induration : durcissement en profondeur de la peau.
Infusion (syn. tisane) : préparation obtenue par macération à chaud de plantes dans un liquide.
Kératine : corne.
Lanoline : corps gras retiré du suint du mouton.
Lipides : corps gras.
Liposolubles : soluble dans un corps gras.
Lobule : amas cellulaire arrondi, de petite taille.
Lymphocyte : globule blanc.
Mélanine : pigment brun.
Métabolisme : ensemble des transformations subies par tout produit ingéré.
Micro-circulation : circulation capillaire.
Molécule : ensemble d'atomes réunis par des liaisons chimiques.
Naso-génien : expression dont le pli va des ailes du nez aux commissures labiales.
Noyau : corps sphérique présent dans la cellule et renfermant l'ADN, constituant nos chromosomes, porteur de nos caractères héréditaires.
Œdème : présence d'un liquide dans les tissus.
Onguent : produit à base de corps gras et de résines appliqué sur la peau.

Paraffine (syn. huile de vaseline) : mélange d'hydrocarbures obtenus lors de la distillation du pétrole à haute température (400 °C).
Phocomélie : malformation caractérisée par le raccourcissement ou l'absence d'un ou plusieurs membres.
Pigmentation : accumulation des pigments dans la peau.
Pommade : préparation molle constituée d'un corps gras et de parfums.
Prurit : démangeaisons.
Sclérose : durcissement d'un tissu.
Stress : agression psychique ou physique altérant les phénomènes métaboliques.
Tégument : peau.
Tératogène : pouvant entraîner une malformation de l'embryon ou du fœtus.
Tissu : ensemble de cellules ayant à la fois une structure et des fonctions identiques.
Transcutané : qui traverse la peau.

Bibliographie

Bardeau, Fabrice : *Restez jeune* (Stock ; 1975).
Bustos, Maximiliano : *Les Huiles thérapeutiques* (Recto-Verseau ; 1992).
Clergeaud, Chantal et Lionel : *En finir avec les jambes lourdes* (SAEP ; 2001) ; *Un ventre plat pour la vie* (Les 3 Spirales ; 2001).
Darrigol, Jean-Luc : *Santé et beauté de vos cheveux* (Dangles ; 1989).
Duraffourd, Paul : *Rester jeune, c'est facile* (Calmann-Levy ; 1987).
McGrady ; Patrick : *Docteur jeunesse* (Stock ; 1970).
Hauser, Gayelord : *Beauté à la carte* (Buchet Chastel ; 1961).
Kalmar, Jacques : *Comment vous vieillissez ?* (Les Bardes ; 1977).
Lautie, Raymond : *Soyez belle, vraiment* (Vie et Action ; 1971).
Mességué, Alain : *Au jardin de ton corps* (Pastorelly ; 1980).
Roig, A : *Dictionnaire des polluants alimentaires* (CEVIC ; 1988).
Ruesch, Hans : *Les Faussaires de la science* (Civis ; 1994) ; *Expérimentation animale* (Nouvelles Presses ; 1992).
Trieu, R. : *Parfums, cosmétologie* (Le Pharmacie rural ; 1959).
Wander, Raoul : *Je veux vivre cent ans* (Fayard ; 1970).

Table des matières

L'impression de cet ouvrage
a été réalisée par CLERC S.A.
18200 SAINT-AMAND-MONTROND (France)
Tél. : 02 48 61 71 71

pour le compte des Éditions DANGLES
18, rue Lavoisier – 45800 SAINT-JEAN-DE-BRAYE (France)

Dépôt légal Éditeur n° 2611 – Imprimeur n° 8177

Achevé d'imprimer en juillet 2003